ネットで「効く」コピー

有田憲史 著

SE
SHOEISHA

はじめに

コピーとネットには、大きな共通点がある。
　ネットで読まれる、納得される文章を書くには、この共通点がカギとなる。大昔から継承されてきたコトバの技術と21世紀になってますます進化し続ける情報環境。2つをつなぐと、また新しいノウハウが生まれる。

入門レベルでもばかにできない。
　本書の内容を平たく紹介すると、「インターネット・メディアでも読まれやすく、納得されるコピーライティングのアドバイス集」である。

　もとになった連載コラムは、マーケティングの仕事に関わるビジネスパーソンが対象で、入門レベルであった。超ビギナーではないにしても、特にハイレベルな内容ではなく、かなり基本的なものだと思う。また基本から応用という流れではなく、ラインナップはすべて基本的な内容だ。

　なぜなら、経験上基本は思った以上に大切であり、みごとなコピーを書く人は基本の精度が高いという実感がある。これは物事の上達の極意だと思う。簡単なことであってもばかにできない。

ネットで読まれやすい書き方がある。
　わざわざネットでのライティングを取り上げたのは？ という疑問が浮かぶと思うが、理由があるのだ。本書ではしつこく述べているが、ネットの読まれ方はこれまで親しんできた印刷メディアとは異なる点が多い。

　ひとことで言うと、ネットの文章は印刷メディアよりきちんと読まれない。このことはWebユーザビリティのエキスパート、ヤコブ・ニールセンの調査で明らかになっている。印刷メディアとまったく同じ書き方では読まれないことがあるのだ。

　だから、読んでもらえる工夫が必要になる。そこで、Webユーザビリティの知見を参考に、ネットでのコピーライティングをクローズアップしたのである。

コピーとネットの書き方のイイとこ取り。

　面白いことに、コピーはネットと相性が良い。連載当初は気づかなかったが、途中で確信が持てるようになった。両者に共通しているのは、読まれない状況を前提に書くということだ。つまり、読まれる努力が必要なのだ。

　100年ほど前から磨かれてきたコピーの書き方のほとんどは、ネットでも通用するのである。そうならば、両者のエッセンスをつなぎ合わせれば、ネットでのコピーライティングのノウハウとして成立するはずだ。この本のテーマはそこから生まれたのだ。

新たなデバイスの普及や進化でも使えるように。

　コピーとひと口に言っても広告コピーだけではない。会社や商品の情報、ニュースリリース、メルマガなど宣伝のためのツールやコンテンツで書かれる文章もコピーである。

　そういったメッセージは、情報の大量消費と選り分けで忙しい中、最も無視されやすいものである。さらにスマートフォン、タブレット端末、ウェアラブルとデバイスの普及と進化も続く。コトバのコミュニケーション法も変わらざるを得ない。

　将来、驚くような画期的なユーザーインターフェースが出現するかもしれないが、しばらくはネットの読まれ方の方向性はさらに強まっていくように思える。

　きちんと読まれないネットで、嫌われもの（そうはいっても有益な情報もある）のコピーでも読まれ、納得してもらえるにはどう考え、どう書くか。この本がその手がかりとなって、あなたの役に立ってくれればこの上なくうれしい。

有田 憲史

目次

第1章　コピーの大事な「約束ごと」……………… 7
- 01　書く前に覚えておくべき基本の基本 ………………… 8
- 02　ネットで読まれるには工夫が必要 …………………… 14
- 03　コピーの命運をにぎる「価値」の見つけ方 ………… 21
- 04　相手への思いやりがメッセージを強くする ………… 26
- ◎コピーの上達に役立つ本【書く心を整える】…………… 32

第2章　発想へのルート ………………………………… 33
- 05　無視されないためには潔く絞り込め ………………… 34
- 06　お客さん視点のない差別化はマイナス効果 ………… 39
- 07　＜問題と解決＞で訴求力を強める …………………… 45
- 08　実用系ワードで「役に立つ」を強調する …………… 51
- 09　「コトバの置き換え」で強い表現を作る …………… 56
- 10　商品と最も強い「欲望」を結びつける ……………… 62
- ◎コピーの上達に役立つ本【発想のヒント】……………… 67

第3章　「組み立て」の定石 …………………………… 69
- 11　長くても最後まで読んでもらうコツ ………………… 70
- 12　長めのコピーは「シナリオ」から考える …………… 75
- 13　イライラさせない「簡潔」なコピー ………………… 81
- 14　キャッチフレーズのゾンビ化を防ぐ ………………… 87
- 15　訴求ポイントは「認知度」によって変える ………… 92
- ◎コピーの上達に役立つ本【構成力を鍛える】…………… 100

第4章 「表現」の突破口 …… 101
- 16　勝負は一瞬、「書き出し」でつかめ …… 102
- 17　欲しくなる理由、「動機づけ」を仕込む …… 109
- 18　強い印象を残す「濃縮還元フレーズ」 …… 114
- 19　平凡なフレーズは比喩で素敵にする …… 120
- 20　「言いたい」より「知りたい」を伝える …… 125
- ◎コピーの上達に役立つ本【表現を磨く】 …… 130

第5章 「ブラッシュアップ」の精度 …… 131
- 21　「ドライブ」をかけて想像力を刺激する …… 132
- 22　「もったいない」は命取り、捨てる勇気を …… 138
- 23　クオリティを上げる8つの検品ポイント …… 143
- ◎コピーの上達に役立つ本【完成度を高める】 …… 150

第6章　おわりに …… 151
- 24　「伝わる」より大切なのは「読まれる」 …… 152
- ◎コピーの上達に役立つ本【古典に学ぶ】 …… 158

【本書内容に関するお問い合わせについて】

本書内容に関するご質問、正誤表については、下記のWebサイトをご参照ください。
　　正誤表　　　　　　　http://www.seshop.com/book/errata/
　　刊行物Q&A　　　　　http://www.seshop.com/book/qa/

インターネットをご利用でない場合は、FAXまたは郵便で、下記にお問い合わせください。
〒160-0006　東京都新宿区舟町5
（株）翔泳社　愛読者サービスセンター
FAX番号：03-5362-3818

電話でのお問い合わせは、お受けしておりません。

※本書に記載されたURL等は予告なく変更される場合があります。
※本書の出版にあたっては正確な記述に努めましたが、著者や出版社などのいずれも、本書の内容に対してなんらかの保証をするものではなく、内容やサンプルに基づくいかなる運用結果に関してもいっさいの責任を負いません。
※本書に記載されている会社名、製品名はそれぞれ各社の商標および登録商標です。

01

コピーの大事な「約束ごと」

印刷メディアであれ、ネットであれ、
発想のコツや表現のテクニックを学ぶ前に
知っておくべきことがある。
それはコピーを書く上での「約束ごと」である。
これが不十分だと、読まれないし伝わらない。
忘れてはいけない大切な基本なのだ。

★01

書く前に覚えておくべき基本の基本

小手先のテクニックだけでは通用しないことも。

　「たった1週間でマスター」とか、「わずか60日で売上アップ」とか、どうも私たちはショートカットキーのように最短で到達する方法ばかりを求めてしまう。それで一時的にうまくいくこともあるだろう。でもコピーを書く力をつけたいなら、近道も抜け道もあきらめること。迷い道に入り込むだけだ。

　いや、巷にあふれている表現のテクニックを使って、効果的なコピーをこさえようと思えばわりと簡単にできる。しかし、そのテクニックも効かないことだってあるし、使いどころを間違えるとまったく通用しない。

　そんなときはどうする？ 小手先のテクニックだけを覚えていても、応用や修正ができない。迷い道をぐるぐる回るはめになる。でも、基本を理解していれば、このアプローチがダメなら、違う切り口からと新たな突破口を見つけることができる。

　それに表現のテクニックだって、もともとは基本を前提に考えられているし、本質をつかんでいればマーケティングのアイデアや売り方のヒントにもなる。実は基本を学ぶことこそが本当の近道なのだ。

書くときは、いつも基本の基本を意識すること。

　東進ハイスクールという予備校のテレビCMを観たことがあるだろうか（YouTubeではいろいろなパロディまで見られる）。濃いキャラの講師が次々と現れて、ひとことアドバイスを言っていくという内容だ。その中で、古文の女性講師がこう言う。「基礎の基礎がこわいってことを、今日何度も言っておきます」。

　ありがとう、先生。その言葉、そっくりいただきます。ひと口に基本と言ってもさまざまだ。その中で最も大切なのが基本のそのまた基本。基礎の基礎が大切なのはコピーも同じだ。くどいようだが、私も何度も言う。

　コピーライティングの基礎の基礎とは何なのか、次に挙げてみた。各項については、本書の中で具体的に紹介している。ここでは概要を把握してもらいたい。

◎コピーライティング基本の基本4カ条

1. マイナス三重苦から考える。
2. 商品ではなく価値を語る。
3. 相手のことを思い浮かべる。
4. 最初のコトバに集中する。

　ただし、この基本の基本4カ条も、ある前提条件がないと成立しない。それは、たとえ一時的でも、あなたが商品の専門家となっていること。もっと具体的に言えば、レクチャーや資料を通して、すでに商品の特徴や機能をリストアップしていることだ。この前提がないと、基本の基本4カ条を知っていても、何も書けやしない。

【基本の基本】その１：マイナス三重苦から考える。

　あなたの会社、あるいは商品、あるいはあなた自身が、アップルのようにつねに注目を集めていない限り、あなたのコピーを進んで読んでくれる人はいないと思うこと。

　つまり、コピーを書くときは、誰もあなたのコピーなんか**＜興味ない＞＜知らない＞＜読みたくない＞**というマイナス三重苦の状態から考えなくてはいけない。

　何か話をしたいと思ったとき、関心がある人に対する話し方と、関心がない人に対するそれとは異なるはず。コピーも同じで、興味ない、知らない、読みたくない人に何かを伝えたいならば、＜興味を引く言い方＞＜知らない人でもわかりやすく＞＜読みたくなるような工夫＞が必要になる。

　なお、三重苦に**＜行動しない＞**を加えて、四重苦という場合もある。「苦」が増えるが、そんなことは気にしない、気にしない。だって、ハードルが高いときほどグッドアイデアが生まれると言うじゃないか。

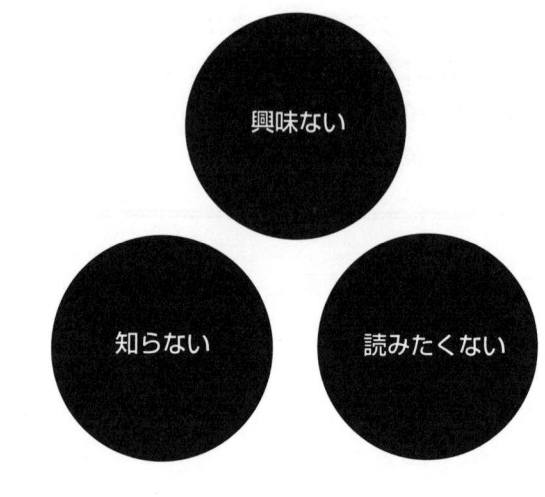

コピーの書き手を悩ますマイナス三重苦

【基本の基本】その２：商品ではなく価値を語る。

　プロダクトにしてもサービスにしても、すべての商品は私たちの問題を解決するため、より快適にするために生み出される。商品を使うことで何が可能となり、どのような素晴らしい体験をもたらしてくれるのか。

　それこそが価値であり、真っ先に伝えなくてはいけない。価値を伝えないで、機能や特徴を並べても単なる事実の紹介である。私たちはたいていうわの空だ。関心がないのに、わざわざ事実から価値を見出す努力なんてしないものだ。

　価値は使う人の条件、そのときの風潮やトレンドなどによって変わる。たとえばLED電球の価値は、高齢者と若い人とでは異なる。商品の価値を見出すことができれば、コピーの半分は完成したようなものである。

【基本の基本】その３：相手のことを思い浮かべる。

　昔から「広告はラブレターだ」と言われてきた。確かに広告のコピーは、相手に気持ちを伝えて、自分への興味や好意を持ってもらわなければいけないという点でラブレターと言える。

　では、ラブレターのような文章を書くにはどうしたらいいのか。それは**相手のことを思い浮かべる**ことだ。誰に対してのメッセージなのかがあいまいだと、気持ちの入ったコトバは出てこない。

　一番伝えたい相手は誰だろうか？　商品を必要とする人はどんなプロフィールなのか、どんな問題やニーズを抱えているのか、男性か女性か、若いのか中高年なのか、ビギナーかヘビーユーザーか……。まるでプロファイリングを行うように、伝えたい相手の人間像をイメージしよう。そうすれば、どのようなコトバでどのように語り、どんな価値を伝えればいいか、おのずと定まってくる。

その人はまだ商品を手に入れていないことで、どんな不便な思いをしているだろう？あるいは、商品を手に入れると、どんな快適な体験をすることができるのだろう？というように、商品を使う相手のことをとことん想像して、「誰」をくっきり設定しよう。

【基本の基本】その４：最初のコトバに集中する。

「左を制するものは世界を制する」。これはボクシングの格言で、左ジャブをうまく使うものこそが勝機をつかむという意味だ（サウスポータイプは右）。ジャブの重要性を表した言葉である。

左つながりという点で、コピーも同じ。特に左から右へと読むヨコ書きが基本のネットにおいて、行の左にある単語は最初に目に入る。コピーと読み手の出会い頭だ。この瞬間に「自分に関係ない」と判断されると、せっかく考えたコピーもスパムメール並みに無視される。

いかに最初に思わず目が留まるような単語を入れてコピーをこしらえるか。ここが一番のアタマの使いどころだ。うんざりするほど大量の情報が流通する時代において、人々の情報仕分けは非情になってきている。情報系のポータルサイトで見られる記事のヘッドラインの気合いの入れ様（つかんだら離さない！）を見ると、いかに最初が大切かがよくわかる。

コピーはキャッチフレーズ、ボディコピーの出だしが最も重要。そんなことは言われなくても……と思っているかもしれない。しかし、現実にそうなっていない残念なコピーは後を絶たないし、惜しいコピーをよく見かける。きっと基本を忘れているか、考えるのが面倒だったのだろう。

コピーが読まれるかどうかは、最初に出会うコトバにかかってくる。特にネットではその傾向が強い。したがって、つねに先制点を取ろう。「終わり良ければすべて良し」はコピーではありえない。

◎コピーは最初のコトバ、センテンスが大切

| ビギナーでも
Web コピーが上手くなれる！ | — キャッチコピー |

基本をしっかり学べば、
初心者でもすぐに書けるようになる。— リードコピー
プロが使うノウハウや知識をたくさん
覚えることが上達のポイントです。

ネット広告、メルマガ、プレスリリース、SNS 等に役立つ、
しっかり伝わるコピーの書き方を紹介する
「ノンクリエイターのための Web コピーライティング講座」がスタート。
毎回、簡単に実践できるノウハウを現役コピーライターが事例を使って解説します。

— ボディ
　コピー

コピーもスポーツや芸事の習得と同じ。

　表現のテクニックなんて世の中にたくさん出回っているし、すぐに手に入る。もちろん、できるだけ多くのテクニックを覚えてほしい。けれども、テクニックのベースにある「考え」や「意図」まで理解しておかないと、使いこなすというレベルまではいかない。

　コピーの上達には、基本をしっかり理解して、新しいセオリーを含めた表現や発想のテクニックを覚えて、書く経験を積む以外に方法はない。スポーツや芸事と同じで結局、「急がば回れ」しかないのだ。

> 今回のまとめ
>
> ・コピーはマイナス三重苦を前提に考える。
> ・コピーで伝えるべきは商品の特徴や仕様ではなく価値。
> ・書くときは伝える相手をできるだけ具体的にイメージする。
> ・ネットでは特に最初のコトバ、最初のセンテンスが重要だ。

01 基本の基本

★02

ネットで読まれるには工夫が必要

読まれるかどうかは、ユーザビリティしだい。

　大切なことだから、はじめに言っておくよ。ネットで読まれるコピーを書こうと思うなら、＜ユーザビリティ＞を意識することだ。ユーザビリティとは、簡単に言えば使いやすさ。利用する人が不便な思いをすることなく、目的を果たせるかどうかの評価基準と言ってもいい。Webサイトの場合、文章だけでなく、デザイン、レイアウトといったすべての要素に関わってくる。

　ユーザビリティの低いWebサイトは、使い勝手が悪く（知りたい情報にスムーズにアクセスできないなど）、不親切（見づらいレイアウトや読みにくい文章など）なので、たとえ良い情報が載っていても、ユーザーはすぐに離脱してしまう。実にもったいない。

　文章について言えば、「要点がわからん」「ムダに長い」「読みにくい」がユーザビリティを低くしてしまう。それは、宣伝文であるコピーも同じだ。こうした本質的なことは、ネットでも印刷メディアでも変わりない。

　けれども、いかに読んでもらえるかという＜リーダビリティ＞（ごめんね、ビリティばかりでややこしくて）については、**ネット特有の読まれ方を踏まえないと、せっかく書いたコピーはスルーされる**。そう、ホームとアウェイでは戦い方を変えるように、ネットにはネットで読まれやすいライティングが必要なのだ。

ネットではユーザーは驚くほど素っ気ない。

よく見ない、よく読まない、すぐ帰る。ネット上のユーザーの行動について、明らかになっていることをまとめるとこうなる。「そうは言っても、良い情報は読んでもらえるんじゃ……」と思うかもしれないが、あなたがネットを利用するときのことを思い返してほしい。じっくりと読むというより、サッと目を通して興味があれば読む（それもやや流し読み）ことのほうが多いのではないだろうか。あまり長いと途中で止めたり、飛ばし読みしたりしないだろうか。

私たちはネットでどのような読み方をしているか。ユーザビリティ研究の第一人者、ヤコブ・ニールセン博士の助けを借りることにしよう。次に挙げたのは、ニールセン博士がリサーチから導き出した読まれ方の特徴である。うむ、なかなか厳しい。

◎リサーチによってわかった厳しい現実
- ・ユーザーは紙と比べると、ネットの文章を読むのが苦手
- ・ユーザーの読むスピードは紙が最も速い
 （iPadやKindle、PCと比べて）
- ・ユーザーは月並みなページの場合、
 テキスト全体の20％くらいしか読まない
- ・ユーザーの79％は流し読みをする（＝じっくり読まない）
- ・ユーザーの視線は、Fの字の軌跡を描く
- ・識字能力の低い（文字を読むのが苦手）ユーザーは要点を
 つかみ損なう傾向あり

参考：「ニールセン博士のAlertbox」U-site（http://www.usability.gr.jp/alertbox/）

以上の結果をもとに、ユーザーの行動を要約してみよう。なぜ、ユーザーはネット上では文章をちゃんと読まないのか？

01 基本の基本

理由は大きく分けると2つある。1つは＜目が疲れやすい＞から。ディスプレイの性能は向上しているが、やはりPC画面を長時間見るのはつらい。タブレットやスマートフォンはもっとつらい。

　2つめは＜情報処理量の増大＞。流通する情報は相当な伸びで増え続けている。ネットの利用が当たり前になった今、私たちは毎日大量の情報を処理せねばならず、情報をひとつひとつ吟味している時間はない。読むかどうか瞬時に判断することを余儀なくされているわけだ。

　だから、流し読みで要点をつかもうとする。**F字視線**というのはその表れと考えていい。ヨコ書きの場合、紙では左から右、行が終わるとまた左に戻って右に進む**Z字視線**がセオリーとされてきた。ところがネットの場合は同じヨコ書きでも、F字を描くようにはじめは左から右に進むが、すぐに垂直降下する。ちゃんと読むのは冒頭だけで、サッとしか見ない。

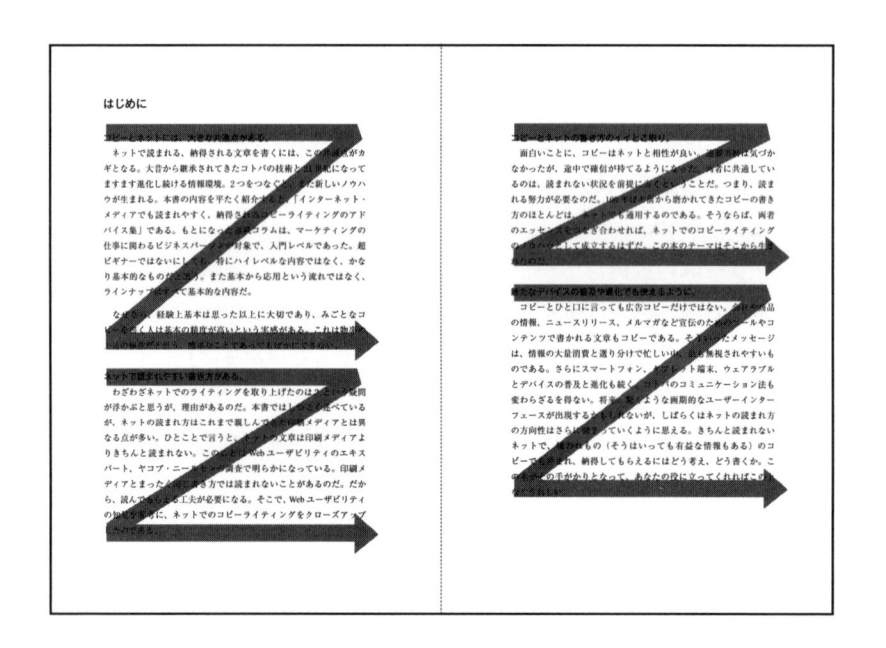

本を読むときの「Z字視線」
（タテ書きの場合は「N字視線」）

16

ポイントは、流し読みを前提にした書き方で。

きわめて素っ気なくわがままという、ネット上のユーザーの行動に応えるためのライティングはどうすべきだろう？ ポイントは**チラッとしか見ない、流し読みされても伝わるライティング**だ。

ポイント1：重要なコトバは先に

前項で紹介した「コピーの基本の基本4カ条」の1つである。大切なことは先に言おう。ネットの掲示板のスレッド名を眺めていると、【速報】や【AKB総選挙】といった【 】で始まる表記がちらほらと目につく。【 】で目立たせて、そこにはいずれもキーワードが使われていることが多い。流し読み、F字視線というユーザーの行動から考えれば有効である。

ウェブページを見るときの「F字視線」

最初に目に飛び込んでくるコトバは、ユーザーにとってのメリットや最も関心があることでなくてはならない。特にキャッチフレーズ、タイトル、見出しではそれを意識した表現にすること。

◎重要なコトバを先に

心理学を応用して考えられた、売れるコピーのテクニック！　　△

「売れる」コピーのテクニック、心理学を応用！　　○

ポイント２：簡潔に要約せよ
　お手本はヤフートピックス。9〜13字（人が一度に知覚できる文字数）で内容をうまく要約している。ムダな表現はせずに、コンパクトにニュースのキモを伝えている。だから、クリックした先にある記事の大まかな内容がひと目でわかる。これなら多くの情報から必要なものを選べる。例外はあるが、記事タイトルやキャッチフレーズでは基本的に＜簡潔＞とコンテンツ内容の＜要約＞を心がけたい。

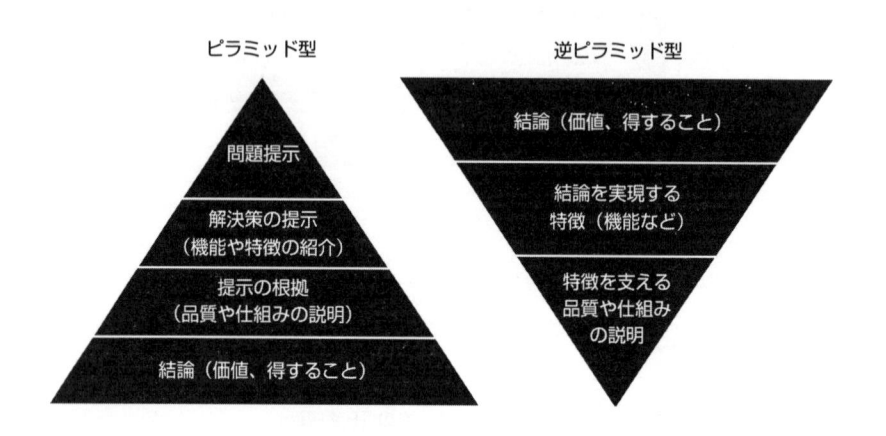

ピラミッド型
- 問題提示
- 解決策の提示（機能や特徴の紹介）
- 提示の根拠（品質や仕組みの説明）
- 結論（価値、得すること）

逆ピラミッド型
- 結論（価値、得すること）
- 結論を実現する特徴（機能など）
- 特徴を支える品質や仕組みの説明

内容が気になる表現という点では、ニュースサイトの見出しもかなりその気にさせるが、ページビュー優先のいわゆる釣りタイトルが多く、記事内容とかい離していてがっかりすることが多い。ポータルサイトなら大目に見られるが、広告やメルマガ（メールマガジン）、ニュースリリース、自社のWebサイト内のコンテンツでこれをやると、**ユーザーの印象を悪くする**ことが予想されるのでくれぐれもご注意を。

ポイント３：＜逆ピラミッド型＞で書く

　コツは結論、あるいは一番重要なメッセージは最初に書くこと。「最初のコトバに集中せよ」と同じ考え方だ。ユーザーは、はじめの数語、はじめの１、２行を流し読みして、その先を読むかどうか決める。

　そうであるなら、はじめに結論を示すしかない。次に結論にいたった理由やそれを証明する内容を続ける。冒頭から内容がつかめるような文章を組み立てるわけだ。

　論文のように問題や疑問の提示から始めて、それから論理を展開し最後に結論を置くような＜ピラミッド型＞とは逆の流れだ。ちなみに通販サイトのページでよく見られるセールスレターのコピーは、ピラミッド型であることが多い。

◎ピラミッド型では問題から入る

> ネット上ではユーザーが文章をちゃんと読まないのは本当だろうか。その疑問を解明するために調査を行った。

△

◎逆ピラミッド型は結論から入る

> ネット上では文章はちゃんと読まれない。調査によって、これが明らかになった。

○

01 基本の基本

つまるところ、ネットでは「どうぞ気持ちよく読んでくださいませ」という、至れり尽くせりの姿勢が印刷メディア以上に大切である。

今回のまとめ

・ネットの文章はきちんと読まれない、流し読みされる。
・そのため、流し読みされても伝わるような工夫が必要である。
・書き方のポイントは、重要なことやキーワードは最初に述べること。

★03

コピーの命運をにぎる「価値」の見つけ方

ジョブズは機能ではなく、その先を語る。

2011年10月に行われたインタビューによれば、スティーブ・ウォズニアック（アップル創業者の1人）はアップルに一抹の不安を感じているという。もちろん、スティーブ・ジョブズが亡くなった後の話だ。どこに不安を感じたかというと、iPhone 4Sのプレゼンテーションの際、デュアルコアプロセッサに触れたときだ。ウォズニアックはこう語っている。

> 「Steveなら、われわれにデュアルコアプロセッサのことを考えさせたいとは思わない。われわれが知る必要のあることは、期待がどんなふうにかなえられるのか、自分たちがどんなふうにインターネットにつながるのか、ということだけだ」
>
> 「ウォズニアック氏、ジョブズ氏死去でアップルに「一抹の不安」–TechCrunch 報道」
> CNET Japan (http://japan.cnet.com/news/business/35009181/) より抜粋

さらに、技術者が重要だと考えることと生身の人間（ユーザー）にとって大事なことは違うという考え方を強く持っているとも語っている。確かに、ジョブズは機能やスペックを説明するときでも、決してそのまま語ることはしない。つねにその先にある"体験"をシンプルでわかりやすく、記憶に残るいかしたコトバで表現する。だから聞き手はワクワクする。

iPadのプレゼンテーションで、ジョブズはA4チップについて**「ヒューンって感じさ！」**と紹介した。高速でも、スピーディでも、すげぇー速いでもなく、ヒューン！わかりやすいにもほどがある。

商品とユーザーの距離を一気に縮める。

　なるほど、ウォズニアックの指摘は、コピーライティングについても言えることだ。それも、とても大切なことだと言っていい。

　"短くわかりやすくキレがある"ジョブズ流の表現は、キャッチフレーズを考える上で参考になるが、ポイントは冒頭のウォズニアックの話にある。そこから、コピーの重要なセオリーを2つ抽出してみた。

・商品を使う人が、享受できる価値を言う
・言いたいことではなく、商品を使う人が知りたいことを言う

　特に価値は重要だ。「コピーの基本の基本4カ条」の＜商品ではなく価値を語る＞を思い出そう。価値とは商品を使う、手に入れることで得られる喜びの体験である。価値は直接的なベネフィット（便益）から生まれる。ベネフィットは商品の機能や特徴から生まれる。

　なぜ価値を伝えるのが大切なのか。もちろん特徴だけで、あるいはベネフィットだけで、商品が優れていることが伝わる場合もある。しかし、私たちは自分に関係のないことについて深く考えないものだ。

　機能やベネフィットを知っただけで、どのような体験を享受できるかすぐにピンとくるほど、いつもカンがいいわけではない。それに、競争の激しい市場だと、ベネフィットだけでは大きな差別化がしづらく優位性を訴求するのが難しいのだ。

　価値を伝えることは、そのピンとこないことをピンとこさせて、他人事ではなく自分と関係があるようイメージさせることである。商品とユーザーの距離を一気に縮めるのだ。商品が自分に素晴らしい体験をプレゼントしてくれることをわかってもらえれば、私たちは商品に興味を持ち、手に入れたくなるものだ。

本当に手に入れたいのは商品ではなく価値。

そもそも商品は、使う人の問題を解決したり、希望をかなえるために開発される。不安や不便の「不」を取り去ったり、グッドをベターに、ベターをベストにするのが仕事である。

そして、商品に備えられた機能はそれぞれ問題解決などの役割が与えられている。機能が発揮されることで、商品を使う人は効率化や利便性などのベネフィットを得る。さらにベネフィットによって、生活や仕事の改善や快適さをもたらすといった価値が生まれる。

それこそが商品が必要とされる理由になるのだ。**人が本当に欲しいのは価値である。**商品やその機能は価値というゴールのための手段である。ここは大事だ。その意味で、コピーを考えるときはベネフィットで終わることなく、価値まで想像してほしい。

ある商品カタログを眺めていたら、ハンディタイプの掃除機が紹介されていた。軽い素材と片手で使えるデザインが特徴だ。そのため、女性や高齢者でも楽に簡単に操作できる。これがベネフィットである。さらにコピーでは、片手で操作できるので乳幼児を抱いたまま掃除ができることが訴求されていた。

これが価値である。ユーザーには一時も目を離せない乳幼児を抱いたまま、片手で掃除ができるという＜安心して家事ができる＞喜びがもたらされるのだ。それが示されてはじめて、その掃除機を手に入れたいと思うのである。

価値を見出すには、想像力をフル稼働させる。

　昔、私がプリンタの広告や販促物を担当していたときのこと、商品の紹介資料はエンジニアが書いたものだろう、概要の他は機能やスペックが並んでいるだけだった。ベネフィットも画質や印刷速度がこんなに向上すると素っ気なく書かれてあった。

　価値のヒントを得るためにどのようなシチュエーションが一番力を発揮できるかと尋ねたのだが、「そっちで考えてください」と言われたことがよくあった。

　エンジニアにしてみれば、前の機種よりも、より速くとか、より低コストにするとか、設定された目標に専念して開発していたのだろうから、使ったときの価値まで想像が行き届かなかったのは無理もない。

　しかし、コピーを書くものはここで止めてはいけない。画質が向上したのなら、写真や図版も鮮明に再現できる。それがビジネスの現場でどのような問題解決や快適性アップをもたらすかを考えなくてはいけない。**突飛な発想でなくていい**。常識と想像力を駆使して考える。ここを突破できるかどうかでコピーの成否が決まるのだ。

◎機能とベネフィットと価値を書き出してみよう

例）強力な洗浄成分を配合した洗剤	
機能	強力な洗浄成分を配合
ベネフィット	スピードコース、すすぎ1回、計5分で、皮脂などしつこい汚れが落ちる
価値	時短（洗濯間が早く終わる）の実現により…… ・子育て主婦は子どもとの会話が増える ・夜、洗濯をする働く女性は、入浴後、髪を乾かす間に洗濯が終わるので帰宅後にゆとりが生まれる

「誰に」「どんな状況」など条件によって価値はさまざま。

　たとえば、若い男性向けのように対象ユーザーを絞って開発された商品であるなら、価値も想像しやすい。しかし、幅広い年齢、男女ともに使える商品の場合は、年齢や性別でそれぞれ価値も異なる。また、さまざまな使用シーンまで想定しておくと、いろいろな価値が発見できるはずだ。

　それらに強い訴求力があるかどうかは別にして、価値として使うシーンを提案することで新しい需要を生みだす可能性もあるからだ。ドラッカーの言う「顧客の創造」というやつだ。

コトバで飾り立ててごまかさない。

　コピーを書くプロセスで、この価値を発見する段階は、表現を考えるのと同じくらいアタマを使うし労力もかかる。しかし、この段階をクリアすればコピーは半分完成したようなもの。だから、ここで楽をせずにひとがんばりしてほしい。

　書き上げたコピーを見直すとき、そこに商品を体験したときに得られる＜素晴らしさ＞や＜うれしい＞が入っているだろうか？「優れた」とか「画期的」といったコトバで機能や特徴を飾っているだけではないか？ぜひチェックして、機能ではなく価値を語ってほしい。できれば「ジョブズならこう言うね」という感じで。

今回のまとめ
・商品の機能からベネフィットが生まれ、ベネフィットから価値が生まれる。
・価値とは商品を使う、手に入れることで得られる喜び
　（問題の解決や快適性アップ）。
・人が商品を手に入れるのは、商品そのものではなく価値が欲しいから。

★04

相手への思いやりがメッセージを強くする

石田三成に見るコピーライターの素質。

　おいしいお茶を淹れる人は、良いコピーを書ける素質がある。昔、ベテランのコピーライターが言っていた。どうしてかって？ おいしいお茶を淹れるには相手への思いやりが必要だから。コピーには、読み手への思いやりがなければならない。

　それなら、石田三成（関ヶ原の戦いで豊臣方を率いた武将、敗走後に斬首）も素晴らしいコピーライターになっていたに違いない。寺の小姓をしていた三成は、茶を所望した豊臣秀吉に、1杯目はすぐノドの渇きを潤せるようぬるいお茶を出し、2杯目、3杯目はお茶のうまさを味わえるよう、だんだん熱くした。三成、グッジョブ。

その気づかいに感銘した秀吉は、三成を家来に採ったという（この話は後世に作られたらしいが）。いかにも三成のイメージらしく、如才のなさが鼻につくかもしれないけれど、相手を思いやって行動していることに変わりはない。

　思いやりとは、すなわち想像力である。人の心を動かし、行動を促すコピーには想像力が駆使されている。そこには商品を使う、あるいは必要としている相手に対する深い想像が必要なのだ。

　この商品を使うことで、相手はどんな良い体験を得ることができるか。どんな使い方をすれば良さを実感するか、どんな問題を解決するかといったことを思い浮かべながら作られるコピーは、読み手の気持ちをとらえて離さない。

　ところが、世の中にあるコピーには思いやりが足りないものがわりと多い。もうちょっと想像を深くすればいいのに、惜しいなぁという感じだ。でも、その"もうちょっと"が大きな差を生む。

　思いやりが足りないコピーは、「誰得？コピー」になる。いったい誰が得するのか、まったく想像できない。そんなメッセージは自分へ向けたものだとは思ってもらえない。その結果、読み手に無視される。

人の悩みや喜びをどれだけ想像できるかがカギ。

　これまでセミナーなどで添削したコピーの中にも、思いやりの足りない表現がけっこう目につく。たとえば、次のコピーをご覧いただきたい。テーマは、食器洗い乾燥機のキャッチフレーズだ。

> 手洗いより節水できる、食器洗い乾燥機。

> ママは年中ハンドクリームが手放せない。

> サボって節約、得をしよう。

　いずれも、食器洗い乾燥機を使うことで手に入る価値を訴求しているという点では悪くはないのだが、受け手への想像が少々足らない。そのため、好奇心もニーズも触発されず、スルーされそうな感じだ。商品の機能や働き、ユーザーの声などの情報を把握した上で書いても、思いやりが足りないとこうなってしまう。

「手洗いより節水できる、食器洗い乾燥機。」は何がいけない？

　これは訴求ポイントの優先順位を誤っている。確かに業務用であれば、節水も効果的だろう。しかし、家庭用で主に使うのは主婦だ。節水も大事だが、ユーザーの声には「節水できて良かった」という感想はなかった。最も多かった声は、「精神的なゆとり」と「手荒れの解消」だ。主婦向けのメッセージとしては訴求内容がズレている。

「ママは年中ハンドクリームが手放せない。」は何がいけない？

　その手荒れの解消にフォーカスしているが、状況の説明だけなので、共感させるにはあっさりしすぎ。誰（購入、あるいはその決定をする人）に訴求したいのかくっきりさせて、次ページの例「年中、手荒れに悩むママへ……」のようになぜ悩んでいるのか、悩みの深刻さを強く訴えたい。

　自分のことだと思わせたり、購入の決定に関わるかもしれない夫に間接的に訴求したりと、商品を使う＜誰か＞に対して、少し想像を深めれば共感しやすい表現が見つかる。

「サボって節約、得をしよう。」は何がいけない？

ねらいは悪くないのだが、誰が得をするのかがコピーだけでは見えてこない。それと、「サボる」というネガティブに受け取られやすい言葉が気になる。

商品とユーザーについて、もう一歩踏み込んで考えよう。主婦向けの家事関連の商品（インスタント食品など）には、表現の気づかいが必要なときがある。家事を軽減するというベネフィットは労力を減らす、楽にする一方で、サボる、手抜きをするといった受け止め方をされることが少なくない。

特に専業主婦の場合、家事は機械に任せて怠けているのでは？自分だけ楽をしているのでは？と思われてしまいがち。だから、ユーザーは欲しいけれど積極的にそう言えない、やはりガマンしようということになる。そうなると、誰も得をしない。だから、「サボる」など誤解を招く、やましさを感じてしまう言葉を使うのはとても危険だ。

> がんばる奥さんの手が悲鳴をあげてます。

> 年中、手荒れに悩むママへ朗報です。

上の「がんばる奥さんの手が悲鳴をあげてます。」という例では、夫に家事や育児で毎日大変な妻の苦労を知ってもらい、購入しやすい環境を作る（それなら買おうよと思わせたい）というねらいがある。

食器洗い乾燥機の特性、ユーザーの抱える問題といった商品をめぐる事象について想像を広げないと生まれてこない表現だ。そんな相手への思いやりが求められる。

メリットは＜誰が＞が存在して強力になる。

　想像をめぐらせ、ユーザーの心のひだへ入っていく。あざといと思う？ いや、考えてみてほしい。コピーは商品とユーザーとの架け橋だ。あなたの商品が誰かの問題を解決し、快適にするなら、その価値をハッとするような表現で正しく伝えるべき。気にせず、堂々と訴求しようじゃないか。

　コピーは価値を示すことはもちろん、誰にとっての価値なのかをはっきり示すこと。食器洗い乾燥機のように、ユーザーや目的がほぼ限られた商品なら想像しやすいのだが、多機能でさまざまなユーザーが使う商品の場合は、さらに想像力を駆使する必要がある。

　次のコピーもセミナーで添削したものだ。課題は電動アシスト自転車（スマートフォンと連動する情報システム機能を持つ架空の商品）についてのキャッチフレーズだ。ここでも誰得？コピーが見られる。

> 賢い相棒といろんな街まで楽しくサイクリングしませんか？

> 毎日使うものだから。楽しく、賢く、気持ちよく、スマートに。

> スマホ＋電動アシスト自転車＝楽しく便利なサイクルライフ

　じっくり読んで考えれば、何を伝えたいのかわからないわけではない。でも悲しいことに、たいていの読み手は広告コピーに寛容ではない。**頭に「？？」が浮かんだ段階で無視をする**。自分が得するのかどうかわからないコピーは、「おととい、来やがれ」と思われることを覚悟しておこう。

　一方で、誰に伝えるかが明確になると、訴求力が強まる。次の例は最初の２つは小さな子どもを持つ母親に、最後は体力低下に悩む中高年に対しての訴求である。

> 育児しながらダイエット、毎日乗るだけです。

> 子どもの送迎やお買い物しながらダイエット。

> 楽しく体力アップ、健康アシスト自転車です。

　ダイエットという言葉を訴求ポイントに使ったわけは、スマホのアプリと連動させると最適なカロリーが消費できる走行距離が示されるというアドバイス機能があるからだ。電動アシスト自転車を快適な移動のツールではなく、ダイエットや健康促進のツールとしてとらえたわけだ。

　誰がどんな価値を手に入れることができるのか。そこが明らかになって、読み手のぼやけた視界がクリアになり、鮮やかなイメージが現れるようになる。コピーライティングの基本、＜誰に何を＞言うかだ。

　＜何を＞はわりときちんと示されているけれど、＜誰に＞が示されていなかったり、示されてはいるが、価値の見出し方に思いやりが不足しているために、共感や納得が得られにくいコピーになるケースがよくある。

　キャッチフレーズでもボディコピーでも完成したら、このコピーは誰が得をするのか示されているか？という視点でブラッシュアップしてほしい。もし、誰得？コピーになっていたら思いやりをたっぷり注いでほしい。石田三成のように、相手においしくお茶を飲んでもらいたい心を持って。

今回のまとめ
・コピーライティングには思いやりが必要。
・思いやりとは相手への深い想像力。
・価値を伝えるとき、誰がそれを享受するのかがわかるように。

コピーの上達に役立つ本【書く心を整える】

**名作コピーに学ぶ
読ませる文章の書き方
鈴木 康之 著（日経ビジネス人文庫／日本経済新聞出版社）**
読まれないことを前提に書く広告コピーを題材に、読まれるための表現の発想、説明力、内容の見つけ方を紹介している。名作広告コピーとネットとの相性は、一見それほど良いものではないが、実はそこで使われている、さまざまなノウハウやテクニックはネットのライティングでも効果を発揮する。

**みんなに好かれようとして、みんなに嫌われる。
（勝つ広告のぜんぶ）
仲畑 貴志 著（宣伝会議）**
広告づくりについて、心得や発想など82のヒントやアドバイスが紹介されている。実践的な表現テクニックもこの本で披露されている基本姿勢や真理をわかった上で使うと失敗のリスクを回避できる。もちろんコピーライティングの心がけも詰まっている。エッセイ風に書かれてあるので読みやすく、なおかつ奥深さも感じられる。

**これは「効く！」
Web文章作成＆編集術　逆引きハンドブック
松下 健次郎 著（ワークスコーポレーション）**
文章をうまく書くコツから、説得力ある文章編集のテクニックまで、ネットの特性を踏まえたライティングの基本がわかりやすくまとめられている。巻末の「広告では使用を避ける不快語」「間違いやすい言葉」など、原稿づくりに不可欠な資料集は、実務にとても役立つ。

**独自性の発見
ジャック・トラウト、スティーブ・リヴキン 著（海と月社）**
著者はマーケティングの名著『ポジショニング』のJ・トラウト。厳しい競争を勝ち抜くための突破口として、差別化戦略の必要性を説いている。対顧客ばかりが注目されるマーケティングだが、対市場、対ライバル戦略も重要。コピーにおける「何を言うか」を考える際のヒントになる良書。

02

発想へのルート

山に登山ルートがあるように
コピーにも発想へのルートがある。
楽なものもあるし、少し険しいものもあるが、
大きな失敗なく、なんとか目的地に導いてくれる。
ベテランも新人もみなここから登り始める。

★05

無視されないためには潔く絞り込め

ますます情報が届かない世界に生きている。

　あまりに欲張るとすべてを失う。あるいは、手に入れたいなら代わりに何かをあきらめることだ。処世訓でもあるが、コピーの話でもある。**私たちは今、実に情報が知覚されにくい世界に生きている。**

　総務省によると、平成21年度の情報流通量は 7.61×10^{21} ビット（1日当たりDVD約2.9億枚相当）。対して消費情報量は 2.87×10^{17} ビット（DVD約1.1万枚相当）。数があまりに大きすぎて、まったく想像できない。わかるのは私たちが消費する情報は微々たる量だということ。

　情報量は年々増加の傾向にあるということだが、一方、人間の記憶力はどうだろう。人類の脳の記憶容量が向上したという話は聞こえてこない。あいかわらず、手帳やクラウド・サービスといった外部ストレージに頼らないとやっていけない。

　もはや世の中に流通する重要な情報、自分にとって大事な情報さえも把握することが困難になっている。そんな状況の中、情報を届けるだけでも大変なのに、その上知覚してもらうにはどのように伝えればいいのか。

迎撃システムをかいくぐるコツ。

　第1章でコピーはマイナス三重苦を前提に書くと述べた。つまり、無視されないような書き方が求められる。

大切なのは＜誰に言うか、何を言うか＞である。

膨大な情報量にうんざりしている私たちの情報迎撃システムはたいへん優秀だ。広告は基本的に撃ち落とされるし、「PR」「おすすめ情報」といった宣伝のキーワードを見つけたらすぐに発見して破壊する。メルマガも基本はタイトルをチラッと見て、関心がないとこれも開封せずに撃墜する。そのくせ私たちは忘れっぽいし、記憶もあやふだったりする。

こんな状況なので、あなたの情報がいくら素晴らしい内容でも何の手も打たずに発信すれば、不要と認識されて迎撃されるだけ。受け取ってもらうにはそれなりの工夫が必要だ。そのためによく吟味すべきは＜訴求ポイント選び＞だ。つまり＜何を言うか＞を決めること。

人はうわの空で忘れっぽいを前提に。

訴求ポイントを決める前に覚悟してほしいのは、言いたいことをすべて一度に伝えるのはあきらめること。私たちは毎日大量の情報を仕分けしなくてはいけない。拾うか捨てるかを瞬時に決めないと、さばくことができない。**あれもこれもゴチャゴチャ詰まったコピーは捨てられる**。拾われるためには表現も内容もシンプルを心がける。

さらに、出会い頭で一度に多くのことを印象づけるのは難しい。人はとかく忘れっぽい。関心を持ってもらい、覚えてもらうためには伝える内容は絞り込むこと。大切なことを３つ挙げる。

・独自性の高い訴求ポイントを選ぶ（なければ優れているポイント）。
・伝える内容は１つに。
・紹介ページやプレスリリースはベスト３で。

訴求ポイント選びで注意するべきこと。

　特徴や機能の中から、その商品独自のもの、競合商品と差別化できるものをピックアップする。たとえば「他にない」「競合商品より優れている」「新しい」「バージョンアップやリニューアル」など特徴や機能に関わるものもあれば、「安い」といったお得感、「ロングセラー」や「実績」などのすでに得ている評価に関わるものもある。

　いわゆるUSP（ユニーク・セールス・プロポジション）探しだ。USPで違いを強調することで、ライバルとの差別化を図って優位にわたり合う作戦だ。ただし、注意したいこともある。特に成熟している市場では、特徴や機能に大きな差がないことが多い。そのため、差別化にとらわれすぎて、ユーザーにとって魅力的でないことを選んでしまうことがある。

　あくまで独自性は、商品を使う人に価値あるものでなくてはいけない。差別化ができない場合は、一番優れている点を取り上げよう。差別化は手段、目的は商品を伝えることだ。

訴求したいことは1つに絞る。

　訴求ポイントを決めるときに注意したいことがある。これは印刷メディアでも同じだが、スペースが小さいディスプレイ広告や文字数が少ない検索連動型広告ではなおさらのこと。**物理的に多くのことを言うのは無理、あきらめてください。**

　それに一度に4つも5つも言われても覚えられない。どうしても言いたいのなら、「成功する5つのポイント」などと1つのメッセージにまとめることだ。

　ネット広告で時々見られるが、広告のキャッチフレーズに興味を持ってクリックしたのに、現れたランディングページにはキャッチフレーズとは

関係ない内容までたくさん盛り込まれているケース。読み手はとまどってしまい、読むのを止めてしまうこともあるのでご注意を。

広告とランディングページの関係は、印刷メディアで言えば、キャッチフレーズとリードコピー、ボディコピーの関係と同じなので、訴求内容は一貫させておくのが原則だ。次の2点に気をつけよう。

1. 誰に向けてか

訴求したい対象をある程度絞り込むことができるネット広告では、言わずもがなである。誰に伝えるかがハッキリすることで、どの訴求ポイントをアピールするのかが決まってくる。スナイパーのようにねらいを定めよう。＜何を言うか＞がくっきりするはず。

2. 訴求ポイントは複数用意する

商品によっては、1つの特徴や機能から、2つも3つもベネフィットや価値を引き出すことができる。たとえば、次の2つのキャッチフレーズは、あるメーカーのLED電球のディスプレイ広告のものである。

> 点灯時間が長いリビングにLED。

> 一晩中点灯させる玄関の照明にLED。

どちらも、「省エネ、しかも長時間」というサブフレーズが添えられている。つまり、特徴は同じであるが、価値は2つ考えられている。ダイレクトメールやチラシなどの印刷メディア、ネット広告でも、違うコピーやデザインを用意してクリック率やコンバージョンなどレスポンスをテスト（A/Bテスト）することが当たり前になっている。テストを繰り返して、レスポンス精度を上げていくのである。広告コピーを考えるときは必ず複数案を考えておこう。

印象づけるにはベスト3で臨む。

　スティーブ・ジョブズは「3つ」がお好きだったようだ。プレゼンテーションで製品を紹介するとき、たいてい3点に絞って言う。一度に多くのことを言っても覚えられないし、たくさん言ったところで印象がぼやけるだけだ。キャッチフレーズの訴求ポイントは**1つに絞る**ことが鉄則だが、カタログや企画書で一度に特徴を挙げるときも**3つに絞ろう**。3つくらいならなんとか覚えてもらえる。

　そのために必要なのは、**特徴や機能に優先順位をつける**こと。独自性の高いものから選んでいく。野球の打順と同じで、得点が求められるクリーンナップ（3番目〜5番目）とその他に分けるのだ。

　ECサイトの商品紹介ページやリリース記事でも、最も独自性のある、つまり強く差別化できるものを中心に詳しく、その他は簡単に紹介する。メリハリをつけて、訴求したいことを際立たせるやり方だ。

　これはネットに限らず、企画書やレポート、商品カタログなどの印刷メディアにも言えることだ。ただし、＜誰に言うか＞で訴求ポイントの順位を入れ替える必要も出てくる。先発メンバーは固定しないように。

　「何によって人に覚えられたいか」とはドラッカーの有名な言葉だが、今のような情報大洪水の中、選んでもらう、覚えてもらうというのは大変なこと。迎撃システムを突破して記憶領域を占領するには、何か1つこれだというもので覚えてもらうことに専念することだ。

今回のまとめ

・無視されないよう＜誰に＞＜何を＞をはっきりさせる。
・キャッチフレーズの訴求ポイントは、原則1つに絞り込む。
・一度に特徴や機能を紹介するときは多くて3つにする。

★06

お客さん視点のない差別化はマイナス効果

カッコよくという勘違いが上達を妨げる。

マーケティング部門や営業部門の人、新人コピーライター向けに研修を行うことがあり、受講者にコピーを書いてもらうと、毎回同じような間違いや勘違いを発見する。

コピーの書き方があまり知られていないひと昔前ならいざ知らず、本やネットで簡単にノウハウが手に入る今でもその傾向は変わらない。ということは、誰しも最初はやってしまいがちなミスなのだろうと思う。

では、なぜそうなるのか。受講者からの質問や添削をもとにその理由を考えてみたところ、主に次のようなことがあるようだ。

1. コピーライティングの基本を知らない（文章能力に頼っている）。
2. 基本はなんとなく知っているがよく理解していない、うまく実践できない。
3. コピーについて勘違いをしている。

どう解決するか。コピーライティングは技術なので、基本を覚えて実践とフィードバックを重ねていく以外、上達する方法はない。だから1と2に思い当たる人はあまり心配ない。

3に思い当たる人はまず、**コピーは面白く、カッコよく、心にしみるものでなければならないという思い込みを捨ててほしい。**いわゆる名作コ

ピーの影響と思うが、以前よりは少なくなったけれど、まだそんな風に思っている人もいるのだ。

コピーがめざすゴールは問題の解決。＜何を伝えるか＞が重要で、＜どう伝えるか＞はその次。注目を引くパンチのある表現は必要だが、ポエティックな表現は必要ではないし、たいがい役に立たない。身につけていただきたいのは眺めて楽しむ装飾刀ではなく、スパッと切れる刀のような使えるコピーのこしらえ方だ。

差別化にこだわりすぎるとワナに落ちる危険あり。

前項で訴求ポイント選びについて差別化の重要性を述べたが、セミナー受講者から「自社の商品は市場の中で際立った差別化ができない。そういう場合はどう訴求すればいいのか？」という質問を受けることがある。

そんなときに役立つのが「商品のライフサイクル」という考え方だ。商品には寿命があり、＜導入期＞＜成長期＞＜成熟期＞＜衰退期＞と4段階に分けられる。段階によって表現のアプローチを変える必要があるが、正直な話、＜衰退期＞の末期では大幅ディスカウント訴求でも苦しい。

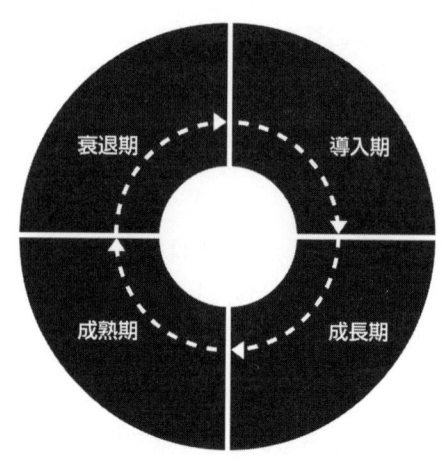

商品のライフサイクル

先の質問もそうだが、一番悩むのが＜成熟期＞での訴求だ。今、世の中にある商品のほとんどは成熟期ではないだろうか。つまり競争が激しく、どのブランドも機能面でも価格面でも似たり寄ったりで差別化しにくい。

だから、訴求ポイントが同じようなものになる。それでは違いがわからず、目立たないと思い込んでしまう。そこで少しでも違いを出そうと差別化を図ろうとする。あるいは差別化のもとになるUSP（ユニーク・セールス・プロポジション＝独自の強み）を見出そうとする。

アプローチとしては定石で間違いではない。差別化をコピーで訴求しようという話になる。それも正しい。そして差別化ポイント探しをする。なかなか決定的なポイントが見つからない。ま、仕方がない。どのブランドもそんなものだ。だからもっとよく探して驚かせてやろうじゃないか！そうしてワナに飛び込んでいく……。

差別化することで、魅力を消してしまうことがある。

おやおや、そっちは危ない。ここでアドバイスをもらおう。広告、そしてコピーライティングのレジェンドであるデイヴィッド・オグルヴィはどう言っているだろうか？著書『ある広告人の告白』と『「売る」広告』を見てみよう。

> たいていのコピーライターは、扱っているブランドが他のいくつかとそっくりだという都合の悪い事実に直面すると、すべてのブランドに共通することを消費者に伝えても意味がないと思い、いくつかのささやかな違いを述べるだけにとどめてしまう。（ある広告人の告白）

つまりお客の視点ではなく、売る側の視点になっているというわけだ。

これまで、広告主たちは、自社製品を売るためには、競争会社の製品より優れていることを消費者に納得させねばならないと考えてきた。だが、これは必ずしも必要ではない。自社の製品を、確かに良い品だと納得させれば、それで十分なのである。(「売る」広告)

　ライバルを意識するのは必要だがそれよりも大切なことがある。極めつけはこうだ。

　自社製品が"確かに良い品だ"という信頼を消費者間に植えつけるのに最善を尽くすマーケッターに軍配が上がるだろう。(同上)

　素晴らしい！これこそがコピーを書くときに肝に銘じておくことだ。

送り手の都合ではなく、ユーザーの視点で考えること。

　伝えるべきはあなたの商品がいかに優れているかということ。差別化は手段であって目的ではない。「その他とはココが違います、ココは他とは飛びぬけて優れています」ということを知覚してもらうためのアプローチにすぎない。

　成熟期の商品は競争が激しく差異が小さいので、よほどの人気ブランド以外は強い印象を与えて選択肢の1つに入れてもらわなくてはいけない。まずは予選リーグの突破からだ。ユーザーは多くの選択肢の中からいろいろと比較して選ぶのだが、その際にそれぞれの商品の「売り（訴求ポイント）」を判断基準にする。

　だからこそ「売り」はユーザーにとって価値あるものでなくてはいけない。たとえユニークな違いであっても、その価値が小さなものであれば、それは決め手にはならない。**差別化が功を奏するのは、価値がユーザーにとって魅力あるものに限っての話だ。**そこがわかっていないので、マイナーな差別化訴求をやってしまうのだ。

絵をほめないで額縁をほめてはいけない。

　サバの水煮缶詰を例に見てみよう。小さな改良は重ねられてはいるが、成熟もいいところの商品だ。サバの産地、塩の種類、味付けの工夫などそれぞれ違いはあるものの、どのブランドも差がない。そこで違いを出そうとやっきになって、苦し紛れの言い訳のようなキャッチフレーズにしてしまう。たとえば……

> 大きめのプルタブだから、力いらずで開けられる。

> 脂、乗ってます。健康成分DHAとEPAがたっぷり。

　確かにフタが簡単に開けられるのは、お年寄りへの訴求としては悪くないし、健康成分というヘルシーな訴求も購入の動機づけになる。しかし、その前に誰もが美味しいサバ缶を食べたいはずだ。**絵をほめずに額縁をほめるような表現に興味は湧きにくい。**

最も強く訴求するべきはいかに美味しいかだ。脂が乗っているならば味覚や食感を刺激したり、レシピ（＝使い方）で価値を伝えることもできる。

> 脂の乗ったトロっとした食感、そのままでも美味しい。

> トロっとした食感、天日塩だけのサッパリした味わい。

> こくウマっ！ トマト缶と煮込めば、サバのトマト煮。

　たとえ訴求ポイントがライバルと差がなくても、ライバルが訴求していないのなら強く言ったほうが有利になる。小手先ではあるが、つまらない差別化よりは効果的だ。

　ふだん、私たちはうわの空だしすぐ忘れる。よほど関心があるもの以外については覚えていない。さんざん伝え尽くして飽きたから、差別化してユニークさを伝えようというのは**売る側の勝手な思い込み**で危険だ。あなたの商品の評価やイメージを落としてしまうことだってある。

　奇策に走らず、良さはきちんとしつこく訴求すべきだ。差別化自体は有効な戦い方だが、それが価値あるものかどうかを判断してほしい。コピーがいくら素敵な表現でも、伝える内容が魅力に乏しければ意味がない。**コピーライティングにもマーケティングの考え方が必要なのである。**

今回のまとめ

・差別化は手段であって目的ではない。魅力的でないことでの差別化は逆効果。
・大切なのは、その商品の良さ、優れていることを効果的に伝えること。
・ライバルと違いがなくても、ライバルが訴求していないなら使う。
　お客さんはそれがあなたの商品の強みと受け取る。

★07

＜問題と解決＞で訴求力を強める

＜問題と解決＞をセットにして知覚を制する。

　＜問題＞と＜解決＞がセットになっているキャッチフレーズの訴求力は強い。ポエティックではないし、創造性も感動もないからクリエイター好みではないが、わかりやすく覚えられやすい。それに実用性も高い。ココは重要だ。

　＜問題と解決＞入りのフレーズというと、有名なのは「ゴホン！といえば龍角散」。最近では、雑誌ゼクシィのCMで耳にした「プロポーズされたらゼクシィ」のような表現だ。

　先日、外出中にノドが痛くなって咳も出るのでドラッグストアに寄った。最初に探したのが龍角散のトローチである。浅田飴やヴィックスでもよかったが、時間もなかったし、先のキャッチフレーズが刷り込みされていたので、龍角散で間違いはないだろうと選んだ。なんとも適当だが、こんなときのリマインド効果は侮れない。

　マーケティングの名著『売れるもマーケ　当たるもマーケ』は、**＜マーケティングは知覚をめぐる戦い＞**と主張していたが、「ゴホン！といえば龍角散」は、まさに私の知覚を制していたのである。

　＜問題と解決＞を盛り込んだキャッチフレーズは、昔からおなじみのテクニックだ。広告の巨人オグルヴィも、ダイレクトマーケティングのコピーの名著を残したシュワルツも、効果的なキャッチフレーズの書き方として「問題と解決を盛り込め」と述べている。

＜問題と解決＞はネットとめっぽう相性が良い。

　もっとも、特に面白い表現でもないからか、名作コピーのように目立つこともなく地味に使われ続けてきた。ただ、**ネットとの相性は良い**。検索連動型広告にもよく使われているし、コンテンツのタイトルにも、問題と解決を盛り込んだ表現を見かける。

　なぜ相性が良いのか。その理由はネットのテキストの読まれ方にある。つまり、流し読みをする、検索エンジンみたいに言葉を拾うように読む。文脈よりもまずキーワードに注目する読み方から考えると、「iPhoneの修理」「咳止め」といった問題をストレートに表現するのは、目を留める意味で効果的だ。

　これは検索でも同じ。私たちは解決法を探すために、問題を含む言葉で検索するし、それに対応するためにタイトル、広告、Webサイトの説明文の表現もその言葉を入れて作られることが多い。

＜問題と解決＞は基本的なコピー思考の１つ。

　そもそもコピーは、＜問題と解決＞を見出し、それをさまざまな表現に落とし込んで作り上げる。

　＜問題と解決＞が入ったキャッチフレーズとは、＜○○○（**問題**）には○○○（**解決**）＞というように、問題を入れて、その解決策を示してあげるというシンプルな構造である。

　「ゴホン！といえば龍角散」の場合、問題は「ゴホン！」で、解決策は「龍角散」である。ネットの広告コピーでは、検索を意識してよりストレートな表現にしたほうが、咳止めの情報を探す読み手にとって親切だ。たぶん、龍角散以外では「ゴホン！」で検索しないだろう。

◎＜問題と解決＞コピー

| ゴホン！といえば龍角散 |

◎ネット向けに変えるなら

| せき止めには龍角散 |

| せきが出たら龍角散 |

　一方、解決策は「龍角散」のように、商品名、ブランド名、サービス名、会社名が入る。特に広告コピーはそういう表現が多い。商品と機能や価値をワンセットでひもづけして、一緒に覚えてもらうのがねらいだ（まさに知覚を制する作戦）。

　多くのライバルがひしめき合う中で、いち早く商品と価値をセットで覚えてもらう、オーソドックスな方法だ。また、複数の優れた特徴を持つ商品、複数の商品を持つ企業が、「これもできます！」とアピールしたいときにも使える。たいてい人は商品や企業についてよく知らないし、覚えていないからだ。

　ところで、解決策は商品名とは限らない。＜解決する方法＞もよく使われる。たとえば、「しつこい咳には生薬が効く」というように商品に使われる材料、仕組み、方法そのものを示す表現だ。

◎解決策の例
　・商品名　　　　・商品に使われる材料
　・ブランド名　　・仕組み
　・サービス名　　・方法そのもの
　・会社名

広告コピーならボディコピーで、なぜその方法がおススメなのか、証拠などを示しながら説明して、最後に商品につなげていくことが多い。つまり、いきなり商品を勧めるのではなく、商品の特徴や機能が問題を解決することを説明して、商品にその特徴や機能があることを紹介するのだ。ロジカルにボディコピーを書くコツである。

【バリエーション1】：問題を強調する。

こうした＜問題と解決＞の基本パターンをベースに表現のバリエーションを広げてみよう。たとえば、下のように問題を具体的に示したり、少々大げさに表現するなど強調するパターンが考えられる。

◎基本パターン

ネット・マーケティングの最新情報なら、MarkeZine

※MarkeZineはマーケティングの情報を紹介するWebサイト

◎問題の強調パターン

ネット・マーケティングの成功事例をすぐ知りたい。それならMarkeZine

ご覧の通り、問題をユーザーの視点から表現している。広告コピーではおなじみの、読み手のニーズや気持ちを鏡のように映し出すアプローチだ。問題の内容にリアリティがあって、ありがちなシチュエーションであれば訴求力も強まる。

このパターンの発想法は簡単で、**＜そこで解決策＞**を使って考えるとよい。たとえば最初に「そこでMarkeZine」と書く。そして問題に当たるフレーズを考えるのだ。そうすると、「ネット・マーケの成功事例を調べろ」と上司に言われた、といったシチュエーションが思い浮かぶはずだ。

【バリエーション2】：問題の強調のみで表現する。

＜問題の強調と解決＞から、さらにバリエーションが広がっていく。次は＜問題の強調＞のみの表現だ。解決の部分を削除した状態である。

左ページの例で言うと、「ネット・マーケティングの成功事例をすぐ知りたい！」という表現になる。短く言う必要があるときは＜問題の強調＞だけで、関心を引くやり方もある。広告コピーではおなじみの方法だ。

◎問題の強調だけパターン

> ネット・マーケティングの成功事例をすぐ知りたい！

【バリエーション3】：解決を強調する。

＜問題と解決＞＜問題の強調と解決＞＜問題の強調＞と来たが、もう1つバリエーションが加わる。＜解決の強調＞だ。問題が解決された、あるいは未然に防いだ状況を表現するアプローチだ。

これにもちょっとしたコツがある。＜○○○（商品）のおかげで～＞で考えてみる方法だ。おかげでこうなりましたという、うまくいった状況を表現するのだ。再び例を使うと、「MarkeZineのおかげで、もうネット・マーケのアイデアには困らない」となるが、「MarkeZineのおかげで、」をまるごと削除すると、解決の強調だけが残る。

◎解決の強調パターン

> もうネット・マーケのアイデアには困らない

表現レベルでは、もっと多くのバリエーションが考えられるわけだが、＜問題と解決＞を基本とした３つのバリエーションでの発想を知っておくと、キャッチフレーズやタイトルを考えるときに役に立つはずである。

一目瞭然だからわかりやすく、見つけられやすい。

　もちろん、はじめのほうで述べたようにネット特有の読まれ方を考慮して、なるべくフレーズの最初にキーワードを入れるといった工夫は必要になる。私たちがネットで探すのは、たいてい問題の解決法だ。

　広告やコンテンツには、そういう読み手の心理や行動に応えた書き方や見せ方が求められる。多くの情報の中から見つけてもらい、選ばれるには相応の工夫が必要なのは言うまでもない。

　その点で何をもたらしてくれるのかが一目瞭然の＜問題と解決＞のアプローチは、情報が必要な読み手の労力（情報を見つける手間）を軽減し、情報へスピーディに案内してくれる。とても気が利く奴なのである。

今回のまとめ

・＜問題と解決＞がセットになったキャッチフレーズは訴求力が強い。

・その理由は、ネットの読まれ方、使われ方と相性が良いから。

・＜問題と解決＞はコピーの発想法や表現のバリエーションを広げてくれる。

★08

実用系ワードで「役に立つ」を強調する

本のタイトルには実用系ワードがいっぱい。

　私たちがネットで探しているもの、それはたいてい情報だ。得するネタ、問題を解決してくれる方法といった実用的な情報。そうであるなら、キャッチフレーズや見出しで、**「この情報はあなたの役に立ちますよ」**と示したほうが読み手にとっても、発信する側にとっても有益だ。

　もっとも、これはネットに限ったことではないかもしれない。「だいたい、すべての本は実用書だ。ジュンク堂（東京、池袋にある大型書店）を見てみろ。地下１階から９階まで本の売り場があるが、文芸書はたったワンフロアだけだ」。出版業界で働く友人の言葉だ。個人的には本というと文芸書のイメージがあっただけに、ちょっとした発見だった。

　そこで改めて実用性という視点で本棚を眺めてみると、実用性を訴求したタイトルがいかに多いかがわかる。背表紙だけを見ていると、まるで広告が並んでいるようだ。

　書店の本棚でもAmazonでも、人文、社会、経済、科学など文芸以外のジャンルでよく目にするのが、次の実用系ワードたち。

＜方法＞　＜〜やり方、しかた＞　＜コツ＞　＜技術＞　＜術＞
＜法則＞　＜習慣＞　＜論＞　＜入門＞　＜講座＞　＜できる＞
＜テクニック＞　＜ルール＞　＜ノウハウ＞　＜わかる＞　＜なれる＞

目を留め、手に取ってもらえるかどうか、本も広告と同じように厳しい競争にさらされている。そのカギになるのはタイトルだ。広告で言うところのキャッチフレーズに当たる。実用系ワードは使い尽くされている印象はあるが、流行語とは違うからはとんど廃れない。ダイレクトマーケティングの世界では、昔からレスポンスの高いワードの定番となっている。

　ネットでも同じだ。実用的な情報を求めている人にとって**「得する情報、あります」**というアピールは無視されにくい表現となる。例のようにキーワードに実用系ワードをプラスして、How To コンテンツとして訴求すれば、読み手をキャッチする力は強化される。

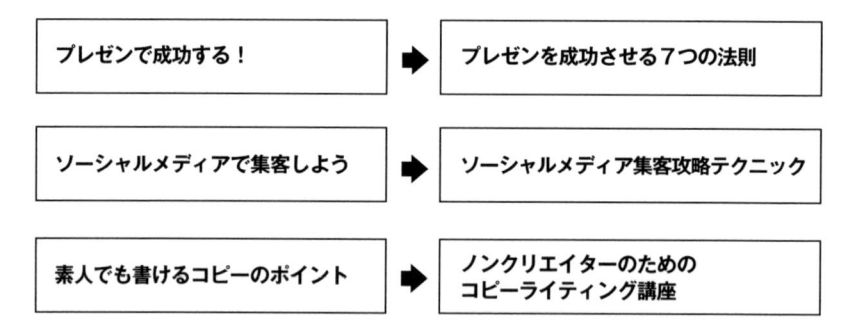

プレゼンで成功する！	プレゼンを成功させる7つの法則
ソーシャルメディアで集客しよう	ソーシャルメディア集客攻略テクニック
素人でも書けるコピーのポイント	ノンクリエイターのためのコピーライティング講座

　注意したいのはクリック先の記事やランディングページの内容である。実用性を訴求して期待感を持たせたのに、内容が乏しかったり、間違っていたりとガッカリさせてしまうと印象も悪く、信用度も下がってしまう。あくまで中身あってのタイトル。そうでないと、ただのインチキ情報商材の広告と一緒だ。

　なお、こうした実用性を強調したフレーズは、広告コピーや商品紹介よりも、自社サイトで展開されるブログやスペシャルコンテンツ、あるいはメルマガやホワイトペーパーのタイトルや見出し向きである。

実用系アプローチは雑誌の見出しから学ぶ。

　実用性の訴求は、実用系ワードを使わなくてもできる。参考になるのが雑誌の記事タイトルや見出し。「着回し術」や「モテメイク裏ワザ」といったように実用系ワードはよく使われているが、それ以外の表現で実用性を強調しているものもたくさんある。最近の雑誌から見てみよう。

> SNS時代の人付き合いに「成功する人」「失敗する人」

> オトナが本気で遊べるゲーム最前線！

> ふたりで1万円あったら、こんな楽しいデートができる

> 夢の「ほっそり見えるのに寒くない！」は実現できます

　1つめの「成功する人」「失敗する人」の表現は、定番フレーズと言っていい。「良い vs 悪い」「好かれる vs 嫌われる」のように、**＜グッド＞と＜バッド＞**を出して関心を引くアプローチだ。果たして、自分の言動やふるまいは正しいのか、間違っているのか。誰もが気になるものだ。

　たとえば、「お客に好かれる営業、嫌われる営業」なんてタイトルがあれば、営業職の人は確認したくなるし、好かれる方法が書かれてあると期待するだろう。

　この例文にはもう1つポイントがある。「SNS時代の〜」という**タイムリーなキーワード**だ。たとえば、「これからのマーケティング戦略」より、「ビッグデータ時代のマーケティング戦略」のほうが関心は高まる。今は社会もビジネスも変化の流れが速い。私たちはつねに処世術を探しているのだ。だから、タイムリーなキーワードは注意を引きやすいのである。

また、タイムリーと同様に私たちは新しさにも魅かれる。もともと広告コピーでも、「新登場」「新しい〜」「誕生」といった **New を訴求するアプローチ**は、アテンションの高い表現の定番だ。

　その意味で、「オトナが本気で遊べるゲーム最前線！」も関心を引きやすい表現だ。「オトナのための最新ゲーム入門」のように実用性を強調した言い換えもできるが、いずれもポイントは「最前線」「最新」というNewの訴求だ。内容の良し悪しはともかく、情報を探しているものにとって、アップデートされた最新情報に抗うのは難しい。

　「ふたりで１万円あったら、こんな楽しいデートができる」「夢の『ほっそり見えるのに寒くない！』は実現できます」は、役立つ提案をするアプローチだ。商品の価値ある使い方、新しい使い方など、快適になる、便利になる情報を紹介する。有益な情報は歓迎される。

サプライズがあると引きつける力がアップ。

　役立つ提案を見出すことができれば、表現するのは難しくはない。ただし、一瞬で関心を引くためには、内容にサプライズが欲しい。前のページの例で言うと、「ふたりで１万円」「ほっそり見えるのに寒くない」だ。

　常識やイメージのギャップを強調してサプライズを訴求し、お得感や利便性を際立たせる。具体的なキーワードを入れて表現できれば訴求力はアップする。

　以上はほんの一部だが、書籍のタイトルや雑誌の見出しは、パンチの効いた競争力の高いフレーズが多いので、コピーの参考になる。ネットでのコピーライティングと雑誌の表現はけっこう相性が良いというのが個人的な印象だ。

　幸い、書籍のタイトルは書店まで足を運ばなくてもネット書店で見ることができるし、雑誌は「magabon」のような専門の情報サイトがあるの

で、タイトルや見出しの研究には困らない。悩んだら見ていただきたい。きっとヒントに出会えるはず。

　ウソや話を盛り過ぎると、すぐにばれる時代だ。コピーでもカッコつけすぎたり、はなはだしい誇張をしてもすぐに裸にされる。

　特にネットでは読み手の期待に応えた、実用性の高い情報が喜ばれる。その際は、一瞬で「あなたの役に立ちますよ！」とわかるキャッチフレーズや見出しでアピールしてほしい。

今回のまとめ

- ＜方法＞＜術＞＜テクニック＞など実用系ワードは注目されやすい。
- 実用系ワードを使わないフレーズは雑誌の見出しが参考になる。
- ただし、内容が充実していないと釣りタイトルと見られ、信用が落ちるので注意。

★09

「コトバの置き換え」で強い表現を作る

イメージや本質が似たものに置き換える。

>「この機械はタイムマシンです。戻したいと思う場所へ連れて行ってくれるのです」

やり手のクリエイティブ・ディレクター、ドン・ドレイパーは、次々と自身の家族の写真を投影しながら、回転式スライドプロジェクターをそう表現した。

1950〜60年代のアメリカの広告業界を描いた傑作ドラマ、『Mad Men』の中でのひとコマ、ドレイパーがコダックに、製品のネーミングのプレゼンをするシーンである。彼は、その車輪のような回転トレイ(スライドを格納する部分)のついたプロジェクターを、「回転木馬(カルーセル)」と言い表して、クライアントの心をつかむ。エピソードはフィクションだが、コダックのカルーセル・プロジェクターは実在の商品である。

うまいこと言うなぁ。「回転木馬」もさることながら、プロジェクターを＜写真を映し出す＝過去へいつでも行ける機械＞というイメージから、「タイムマシン」と称したセンスに感心した。

こうした、まったく違うがイメージや本質が似ているものに置き換えるレトリック(コトバの表現術)を**隠喩**(暗喩、メタファー)と言う。隠喩は比喩の1つで、他に**明喩**(直喩、シミリー)などがある。明喩は「雪のように白い」といった具合に、明らかに比喩であることがわかる表現。形や色、感情などを似ているもので形容するレトリックだ。

フォルクスワーゲンをその形状から「カブトムシ」と言ったり、プロジェクターの形状から「回転木馬」と表現したりと、さまざまなシーンで使われる比喩だが、イメージしやすいものばかりではない。

「人生とは旅だ」を理解するには、それなりの人生経験が必要だし、映画『フォレスト・ガンプ』で印象的なセリフ、「人生はチョコレート箱のようなもの」といった言葉の置き換えのギャップが大きな表現もある。

大きなギャップは読み手や聞き手に「！」や「？」といった強い印象を与えたり、好奇心を起こさせたりする。それだけに注目せざるを得なくなる、忘れがたくなる、パンチの効いた言葉となる。

ジョブズも多用した言葉の強化術。

比喩の中でも隠喩は、アテンションの強さを生むばかりか、理解の促進、価値の理解や創造にも効果的だ。そのため、キャッチフレーズなど広告のコピー、本のタイトル、記事のヘッドラインをはじめ、ネーミング、プレゼンテーションのスピーチやコンセプトづくりにまでよく使われる。

たとえば、東京発 - 大阪行き新幹線の最終便「シンデレラ・エクスプレス」、英会話学校の「駅前留学」、出版社の企業広告の「団塊は、資源です。」といった広告のキャッチフレーズ。

書籍のタイトル『武器としての決断思考』がヒットすると、「武器としての〜」を見出しに使った記事をよく見かけるようになった。スターバックスのコンセプトは、自宅でもない職場でもない「第三の場所：Third place」、ハーレーダビッドソンが売っているのはバイクではなく「反逆のライフスタイル」という表現も隠喩と言っていい。

レトリックの天才と言われるシェイクスピアなど作家は別にして、ビジネス界で比喩を使ったメッセージの使い手というと、一番に思い浮かぶのがスティーブ・ジョブズだ。

ジョブズの有名な発言を見ると、それがよくわかる。生みの親を「精子銀行」「卵子銀行」と呼び、はじめてのMacを世に出すときの事業計画に「アップルのマッキントッシュはクランクハンドルのないフォルクスワーゲン車」と書き、iPadを「魔法のような革新的なデバイス」と発表した。いずれも忘れがたい強い言葉ゆえに語録として語り継がれている。

隠喩を使うときは説得力が必要。

　最近、「脇肉革命」という女性下着の商品名、「時短革命」という洗剤のコピーを見かけたのだが、これも隠喩を使った表現だ。前者の脇肉をバストに寄せるメカニズム、後者の強力な洗浄力による洗濯時間の短縮といった商品の特徴や機能における革新性を「革命」と言い換えたものである。そのため表現に強さが生まれた。

　もっとも、隠喩における「革命」の使われ方は昔から多く、斬新とは言えない。しかし、成功する隠喩はありきたりな表現になりがちと言われており、ありきたりだから弱い表現になるとは限らない。ハイリスクな想像しにくい突飛な置き換えよりも、私たちが持っている共通のイメージを巧みに利用するほうがコミュニケーションがやりやすい。

　文学作品の隠喩は、読み手の想像力や知性にゆだねることが多いかもしれないが、実用文であるコピーの場合はそうはいかない。キャッチフレーズなどに隠喩を用いたら、納得させることが必要だ。**読み手の「？」「！」は回収しなくてはいけない。**

年賀状のキャッチフレーズ「年賀状は、贈り物だと思う。」を見てみよう。年賀状を贈り物に置き換えた隠喩的表現である。"私からあなたにあげるもの＝贈り物"という単純なメッセージではない。

ボディコピーには「指輪も、セーターも、シャンパンも入らない。でも、そこにはあなたを入れられる。」という一節があり、気持ちや言葉を入れることができる、贈り物の本質を表現しているのだ。それが伝わるから読み手に共感や納得が起きる。

コピーはもちろん、コンセプトメイキングであろうが、プレゼンのスピーチであろうが、実用の場ではいかにうまい隠喩を使っても、説得力がなければ目的を果たすことができない。特に、置き換えのギャップが大きな表現こそ説得力が求められる。

連関力アップには多量のインプットが必要。

隠喩、明喩を発想するコツは＜連関力＞と言われている。異質なもの、関係がないように見えるものをつなげる発想である。両者に共通する因子を発見してつなぐ、一方の因子に似ている因子を持つものを探してつなぐということだ。

ジョブズも「創造力というのは、いろいろなものをつなぐ力だ」と言っている。昔からあるもの、誰も気づかないものを組み合わせる連関力の強さが、ジョブズのイノベーションの源であることはよく知られている。

簡単に言うけど、ジョブズみたいに頭良くないし……。いや、悲観しなくてもいいらしい。ハーバード大学の研究によると、経験や知識が豊富になれば、比例して脳の関連づけ能力も高くなるという。

　カンの良い人ならポンと膝を打つだろう。約70年前に出版された名著『アイデアのつくり方』にも同じことが書かれてあった。著者のジェームズ・W・ヤング（コピーライターを経て大手広告代理店の最高顧問）は、アイデアについてこう書いている。

　　アイデアとは既存の要素の新しい組み合わせ以外の何ものでもない。

　牛と同じである。食べなければミルクは出ないと、知識や経験をたくさんインプットすることを説いている。専門分野以外に、リベラルアーツが不可欠なのだ。さらには、こうも言う。

　　言葉はアイデアのシンボルなので、言葉を集めることによってアイデアを集めることもできるのである。

　コピーライティングの上達法を聞かれると、私はコピーをたくさん見て、面白い、思わず反応したものをメモするなどしてネタ帳を作ることを勧めている。これはヤングの考えをヒントにしたものだ。

　つまるところ、隠喩の発想力を鍛えることは、おのずとアイデアの発想力を鍛えることになる。キャッチフレーズなり、ヘッドラインなり、ひねり出すときはできるだけ、隠喩も活かして考えてほしい。読まれるための工夫でもあるが、あなた自身の発想力アップにも役立つはずだ。

　すんなりと浮かんでこないこともあるだろう。そんな場合はどうするか。冒頭で紹介した『Mad Men』にこんなシーンがある。コピーが浮かばずに煮詰まっている新米のコピーライターにドレイパーがアドバイスをする。

「ペギー、よく考えるんだ。そして忘れる。すると不思議なことにアイデアが湧いてくる」

これは本当に起きる。だからがんばれ。

> ### 今回のまとめ
> ・隠喩は、まったく違うが、イメージや本質が似ている言葉に置き換えるレトリック。
> ・コピーなど実用文での隠喩は、わかりやすい納得できるものでなくてはならない。
> ・隠喩の発想力を鍛えることは、アイデアの発想力アップにつながる。

★10

商品と最も強い「欲望」を結びつける

＜ソリューション型＞か＜モア・ベター型＞か？

　広告コピーでも、商品を紹介する記事でも、レスポンスや納得を得るにはニーズやウォンツといった＜欲望＞と強く結びついていなければならない。たとえメッセージを届ける相手が間違っていなくても、その内容と相手の欲望にズレがあれば、興味はあっさりと消えてしまう。

　商品を＜機能＞から大きく分けると２つのタイプがある。マイナスの状況をプラスにする**＜ソリューション型＞**と、ゼロの状況からプラスに、あるいはプラスをさらに広げたり、高めたりする**＜モア・ベター型＞**である（と私が勝手に名付けた）。

　ソリューション型の商品は、不便、不安、不快、不満といったマイナス状態の「不」を取り除くのが特徴だ。たとえば薬品、健康食品やアンチエイジング化粧品が代表的だろう。

　モア・ベター型の商品は、なくても不便ではないが、あると便利にしたり、快適をもっと快適にするのが特徴だ。また、ソリューション型とモア・ベター型の両方の機能を持っている商品もある。

＜ソリューション型＞商品はマイナスをプラスへ。

　ソリューション型商品のアプローチは、欲望との結びつきという点でとてもわかりやすい。キャッチフレーズを見ると、マイナスの状態にフォー

カスを当てていることが多い。

　たいていは困っている状況を当事者の言葉で言ってみたり、シーンを鮮やかに表現したりしている。また、ストレートに「～で困っていませんか」「～でお困りの方へ」と問いかける表現もよく目につく。そしてボディコピーやランディングページで、問題の解決法を示しながら商品へ導いていく……ネガティブから入ってポジティブなイメージを想起させるアプローチだ。

　コピーを書く上で気をつける点は、先に述べたように＜問題と解決＞を強調することだ。なるべくキャッチフレーズやタイトルに悩みや気になる問題をキーワードとして入れる。たとえば「サーバートラブル」や「アクセスが伸びない」といった気になっているコトバだ。キーワードを目に飛び込ませるのだ。

　まず興味のあるキーワードを拾って、読むかどうかを判断するネットの読み手への対策だ。

＜モア・ベター型＞は普遍的な欲望から探し出す。

　ソリューション型を必要としている人は、問題を解決したいという欲望を自覚していることが多いため、キャッチフレーズやボディコピーの内容も思いつきやすい。しかし、＜モア・ベター型＞となるとそう簡単にいかない場合もある。

　ソリューション型と比べて欲望がつかみにくいのだ。さらに想定ユーザーの条件や属性の幅が広かったり、男女どちらでもという商品の場合、欲望もさまざま考えられるので、どの欲望にフォーカスするか悩んでしまう。さて、どうしましょうか。

そんなときはいま一度、人の欲望に注目しよう。テクノロジーが進化しようとも、生活習慣が変わろうとも、価値観が多様化しようとも、新しいアドテクノロジーやマーケティング手法が出現しようとも、人類誕生以来、人の欲望はあまり変わっていないように思える。

『ザ・コピーライティング』の著者、ジョン・ケープルズはその中で、売上が上がる訴求ポイントとしていくつか例を挙げている。「収入を増やす」「お金を節約する」「脂肪を減らす」などなど……、みな 21 世紀に生きる私たちの欲望と同じである。

そこでケープルズの挙げた欲望を参考に、欲望の種類を整理してリストアップしてみた。細分化するとキリがないので大まかに分けている。年齢や置かれている環境によって変わったり、程度に差はあるだろうが、私たちは以下のいずれかに何かしらの欲望を持っているはずだ。私たちを悩ます煩悩もここから生まれる。

◎普遍的な人間の欲望
・健康（より健康、より美しく、ダイエット、アンチエイジングなど）
・お金（資産形成、コスト、節約など）
・安心（品質、暮らし、老後、トラブル、日常のリスク、災害など）
・成功（仕事、ステータスなど）
・注目（差別化、人気、恋愛など）
・楽をしたい（心理、労力、時間など）
・喜び（娯楽、快適、コミュニケーション、成長など）

欲望という名の照明は隠れたニーズさえも見つける。

昔からコピーも含めて広告は、消費者の欲望と商品を強く結びつけてきた。表現やアプローチの方法は時代とともに変わったり、進化してきたが、欲望をつかんでそこにフォーカスをするという点は変わらない。

コピーライティングの古典『市場の壁を打ち破るプロ広告作法』の中でも、コピーライターの最初の任務として＜欲求の検出＞が挙げられている。私たちの中にある欲望を探し出し、その中から商品と最も強力に結びつくものを選び出せというわけだ。

つまり、訴求ポイントを考えることは、欲望と商品の結びつきを考えることだと言っていい。特にモア・ベター型商品で、コンシューマ向けで、想定ユーザーが広いものは、さまざまな欲望と結びつけることができるのでヒットポイントを見つけるのに苦労をするかもしれない。

しかし、見つけることができたならば、よりベターなイメージや状況を鮮やかに表現することで、モア・ベター型商品の価値を強く訴求することができる。

「サバ缶」に対する欲望とは？

何年か前の夏に、一時スーパーの店頭からサバ缶が姿を消した。買い占められた原因は、テレビ番組でサバ缶を食べると痩せると言われたからだ。大きなリーチを持つテレビの影響というのもあるが、売れまくったのは健康、ダイエットという強い欲望と結びついたからである。

とはいえ、サバ缶と欲望の関係はダイエットだけだろうか？他に欲望は生まれないのか、先に挙げた欲望に当てはめながら考えてみよう。すると、次のような訴求が考えられる。

- ・節約（お金）料理としてのサバ缶
- ・簡単にすぐできる（時間も労力も楽したい）料理としてのサバ缶
- ・美味しい料理（食べる喜び）の素材としてのサバ缶
- ・魚中心の食生活（より健康に）の素材としてのサバ缶

たかがサバ缶、されどサバ缶。ダイエット以外にも、私たちの欲望を満たす要素はあるのだ。欲望を当てはめてみれば、欲望を強く持つ相手も見つけやすくなる。節約であれば主婦を思い浮かべるが、手軽さなら１人暮らしの学生や若い社会人がマッチするだろう。＜誰に＞＜何を＞言うか、メッセージの基本設定がしっかりできるようになる。

　同じものでも、光の当て方によって影が変わるように、商品にも多面性はある。欲望という名の照明を当てることで、商品は異なる価値、異なるユーザーを浮かび上がらせる。隠れたニーズはもちろん、新しい市場だって生まれる。

　「最も強い欲望と商品と結びつける」ことは、コピーや広告づくりの基本ではあるが、商品のプレゼンテーションという視点から見れば、印刷メディア、ネット広告に限らず、自社のWebサイト上のコンテンツのテーマづくりにも使える。

　訴求テーマや対象に迷ったら、この商品の機能や特徴は、果たして人のどのような欲望を満たすのか？と基本に立ち返って考えると見つかりやすいかもしれない。

今回のまとめ

・商品には＜ソリューション型＞と＜モア・ベター型＞がある。
・使い方やユーザーの属性が幅広い商品の訴求ポイントは、人の欲望から考える。
・最も強い欲望と商品を結びつけることが、ライティングの第一歩。

コピーの上達に役立つ本【発想のヒント】

アイディアのレッスン
外山 滋比古 著（ちくま文庫／筑摩書房）
東大・京大で一番読まれた、考える力を覚醒させる『思考の整理学』の実践版。アナロジー、比喩、延長線・慣性の法則などアイデアづくりの方法を紹介。やみくもに考えるより、こうした思考のナビゲーションにそって考えると発想しやすくなる。『思考の整理学』と併せて読むとなお良し。

図説 アイデア入門
狐塚 康己 著（宣伝会議）
アイデアを生み出すパターンを、レトリックを使って類型化した考え方の教科書。アナロジー、メタファー、コントラスト、逆転などのレトリック技法を使って、言葉だけでなくデザインの考え方まで紹介。具体例をユニークで面白いビジュアルで見せるなど眺めても楽しい本だ。

影響力の武器 実践編
N. J. ゴールドスタイン、S. J. マーティン、R. B. チャルディーニ 著
（誠信書房）
影響力と説得の心理について書かれた、マーケティング方面で人気の本の実践編。好意や社会的証明などの原理を活かした説得の技術を 50 の事例で紹介している。広告やキャンペーンの設計で使われるものもあり、プランニングや制作に関わる人にお勧め。『影響力の武器』と併読すると理解が深まる。

スティーブ・ジョブズ　驚異のプレゼン
カーマイン・ガロ 著（日経 BP 社）
いきなりジョブズのようには無理でも、受け手がワクワクするような伝え方をするには、どう考えればいいのか、本書を読むと発想力が刺激される。「iPod はガムより小さくて軽いんだ」のように、わかりやすく短いコトバで価値を伝えるジョブズの表現は、キャッチフレーズのヒントになる。

03

「組み立て」の定石

定石とは、最も働きが良いとされる方法や手順だ。
昔から先人たちが磨き上げ、伝えてきたノウハウであり、
たくさんの成功や失敗から学んだ教えが詰まっている。
知っていると知らないとでは大きい。
もちろん、コピーもはじめは定石から。

★11
長くても最後まで読んでもらうコツ

4番目のパラグラフにしのび寄る悲劇。

やはりWebサイトのページの下には奈落があるようだ。文章中心のページで言うと4番目のパラグラフあたりから、観客のいない暗くて深い闇が顔をのぞかせる。

1章でも紹介したニールセン博士のユーザービリティ調査によれば、**ユーザーが目を通してくれるのは3番目のパラグラフあたりまで。4番目になると急に読まれなくなる**という。

この場合のパラグラフとは、単なる段落ではなく、テーマごとに分けられたテキストブロックである。ユーザーの81％は第1パラグラフを読む。第3パラグラフでも63％が読んでくれる。ところが、第4パラグラフでは32％と半減。5番目以降はないも同然かもしれない。

すべての内容を3ブロックにまとめればOKという話ではない。大事なのは奈落から這い上がることができるかどうか。大丈夫、方法はある。ページレイアウト、小見出しに読まれる工夫を施せば、情報を必要としているユーザーの目を留めることは可能だ。

対策は、ユーザビリティのセオリーを意識して書くことだ。特に製品やサービスを紹介するページ、広告からのランディングページは次に挙げる書き方で読み手を導く。

内容がわかるだけでなく、有益性を匂わせる。

　たいていユーザーは、ページの冒頭をサッと眺めて何が書いてあるかをつかみ、その先を読むかどうかを決める。キャッチフレーズ、リードコピー、各ブロックの小見出しはそれを前提として考える。何が述べられているのか、**情報の匂いがするような表現**が必要だ。

　特に情報量の多いページは、キャッチフレーズだけではなく、リードコピーも重要だ。レポートの書き方でおなじみのサマリー（要約）のように概要的なことを書こう。読み手の時間を無駄に費やすことが防げる。

　例を見てみよう。どちらもページの内容を紹介するリードコピーである。Aは間違っているわけではないが前置きが長く、大切なことが後回しになっている。ネットでは単刀直入なBがふさわしい。大切なこと、キーワードは出だしで言いたいし、内容もチラッと見せて有益なことだと匂わせたい。

◎リードコピーの例A

> CMや広告でおなじみのキャッチフレーズ。スラスラと書けるようになりたい！でも文章やセンスに自信がないので……とあきらめていませんか。そんな方のためにMarkeZineでは100の広告を分析、プロのようなキャッチフレーズが簡単に作れるよう、20の法則としてまとめました。

◎リードコピーの例B

> キャッチフレーズが簡単に作れる20の方法をご紹介。100の広告を分析して法則化しました。「ネガティブ／ポジティブ」、「コンセプト圧縮」などよく使われるアプローチから業種、商品に特化したものまで網羅しています。

思わせぶりなタイトルやキャッチフレーズにつられて読んでみたものの、知りたい情報はほとんどなかった、時間を返せといった失望は印象を悪くする。さらに流し読み対策として、読み手が興味を示すようなコトバやキーワードを入れて、概要が把握できるようにしよう。

内容の優先順位はユーザー視点で決める。

各ブロック、特徴の並べ方にも気を配ろう。自慢したい気持ちを抑えながら、ユーザーにとって魅力的な内容は何かという視点から、優先順位を決めること。

＜ベスト３（詳しく説明）＋その他（箇条書き）＞がオススメだが、４つも５つも重要な項目がある場合は、先に述べたように見出しに気をつけよう。下に行けば行くほど奈落だが、次のような工夫で、４番手以降でも表舞台へ引き上げることができる。

【工夫】その１：最初に結論を述べる

言いたいことやユーザーにとって大事なことは、はじめにサッサと言おう。ネットのライティングの鉄則だ。これはボディコピーのような各論を述べる文章でも同じだ。１章で述べた＜逆ピラミッド型ライティング＞を思い出そう。

逆ピラミッド型とは、簡単に言うと最初に結論を述べる展開だ。商品の紹介ページの場合、結論に当たるのは「価値」の部分。「これで簡単にキャッチフレーズが書けるようになります。文章が苦手な人でも大丈夫。」のように、読み手にとってトクになることから出だしを始めよう。キーワードを盛り込むのも忘れないように。

【工夫】その２：因果関係をはっきりさせる

はじめに価値を言えば、ユーザーは興味を持ってくれる。しかし、信用したわけではない。根拠を示してあげないと納得してくれない。データや

評価、どのように開発されたかなどの事実を明らかにして、なぜキャッチフレーズが簡単に書けるのか、そのアドバイスのクオリティは信用に値するものかどうかを証明しなくてはならない。なぜそのような結果になるのか、原因は何かという因果関係をはっきりさせるのだ。

◎原因と結果を考える

結果：トクすること（価値）	原因：価値の根拠を示す（証明）
↓	↓
文章が苦手な人でも簡単にキャッチフレーズが書けるようになる。	100もの広告を分析してテンプレート化、コトバを入れるだけでキャッチフレーズが作れる。

　根拠が信頼できなかったり、価値と結びつかない、スジが通っていないとロジカルではないということで説得力の欠けた印象を与える。ロジカルであることも、奈落に落ちないための防止策だ。ボディコピーの流れの基本であり、製品から形のないサービスまで使える。

好奇心の刺激とトクする情報を入れよう。

　さらにボディコピーを読ませるには、見出しに工夫が必要だ。伝説的なコピーライター、ジョン・ケープルズが良いアドバイスをしている。彼が考えたヘッドライン（＝キャッチフレーズ）を書くルールのうち、次のものが見出しでも活用できる。

・トクになることを盛り込む
・好奇心を刺激するだけでは終わらない
・欲しいものが手に入れられることを知らせる

流し読み、チラッと見てキーワードに反応する、そんなネットユーザー特有の読み方を踏まえるとケープルズのアドバイスは理にかなっている。

　次の例で言えば、Aの「キャッチフレーズ作りは簡単かもしれないよ」と好奇心をくすぐるだけの表現より、Bの「キャッチフレーズ作りのコツが書かれてあるようだ」と好奇心の刺激とトクする情報を入れたほうが読まれる可能性は高い。

◎例A　　実はキャッチフレーズ作りは思うほど難しくない？

◎例B　　キャッチフレーズ作りはパターンを覚えると簡単！

　冒頭の「ページの下に行くほど読まれない」の話に戻ると、そもそもユーザーは情報を求めてネットへアクセスするのに、ほとんど読まないという行動の矛盾は、いったいどういうことなのだろう。

　解明はニールセン博士にお任せして、とにかくコピーは、「読んでもらえない」というマイナス状態を前提として書かなければならない。したがって読ませる工夫が必要なのだ。

　ポータルサイトにしばしば見られる釣り目的の表現は論外だが、良い情報が欲しい、得をしたいから読むという読み手目線はいつも忘れないよう心がけたい。特に推敲するときは、読みたくなるだろうか？と自分に問いながら行ってほしい。

今回のまとめ
・Webサイトのページは下に行くほど読まれなくなる。
・ページを最後まで読んでもらうためには、リードコピーを活用する。
・さらに情報の匂いがする小見出しと、結論から始めるアプローチで書く。

★12
長めのコピーは「シナリオ」から考える

大事なことは始めと終わりにある。

中学生のとき、国語の先生から現国の問題を解くコツを教わった。

重要なことは、たいてい始めか終わりに書いてある。
始めと終わりの間には、重要であることを証明する内容が書かれている。

これは、長い文章を読み解くコツでもある。学校で教わったことは大人になっても役に立つものだ。

印刷メディアでもネットでも、たいてい記事を読むかどうかはタイトルや見出しで決めているはずだ。そして、本文の始めと終わりにサッと目を通して、要旨をつかむ。文章がいくつかのブロックに分かれていれば、それぞれの始めと終わりに目を通す。

特にネットの場合、基本的にじっくり読むことはあまりなく、冒頭のせいぜい一段落を眺めて読むかどうかを決める。ネットに慣れている人ほど、こうした読み方をする人は多いと思う。私もそうだ。

だから読み手の怠慢を嘆いても仕方がない。読んでもらえるよう最善を尽くすしかない。特に長い文章、とりわけ積極的に読まれない宣伝のためのコンテンツはどう書くか。

長い文章が苦手な人に理由を聞くと、「論理的に書けない」「書き出しに悩む」「全体の構成がうまくまとめられない」という答えが多いようだ。

たぶん、そういう人は設計図を作らずに書こうとしているのだと思う。設計図を描かないで家を建てるのは無茶だ。文章も長い文章、特にコピーのような実用文は、あるテーマにもとづいて設計図を考えて書かないと苦労する。

シナリオは3つのパートで組み立てる。

　長いコピーが苦手な人はまず設計図を考えることから始めるといい。人によっては設計図を「骨子」「流れ」と呼ぶ場合もある。私は「シナリオ」と呼んでいるので、以下シナリオと呼ぶことにする。

　では、コピーのシナリオはどう考えるか。ここで冒頭の話に戻る。「重要なことは始めか終わりに書かれ、真中でそれを証明している」。文章を読み解くコツを反転させて、シナリオを作るのだ。

　コピーに合わせて考えてみよう。コピーの中で最も長いボディコピーを構造的に見ると、あるシナリオが見えてくる。シナリオは大きく分けて、**＜価値＞＜価値をもたらす機能や特徴＞＜機能や特徴の証明＞**という3つのパートから構成されていることが多い。

　そして、それらのパートはスジが通るようにつなげられ、右ページの図のようなシナリオを作っている。先に紹介した＜逆ピラミッド型＞と同じであることに気づいただろうか。

　一番伝えたい価値のパートは最初に言うこともあるし、最後に言うこともある。また、最初と最後に表現を変えて言うこともある。つまり、重要なことは最初か最後に書かれるわけだ。せっかちなユーザーを思えば、ネットでは最初に言ったほうがいい。

　読み手からすると価値が最も重要だが、そこに納得できる根拠がないと信用してくれない。そこで、機能や特徴の働きや品質について説明することで妥当であると証明する。そこまでやってはじめて説得力が生まれる。

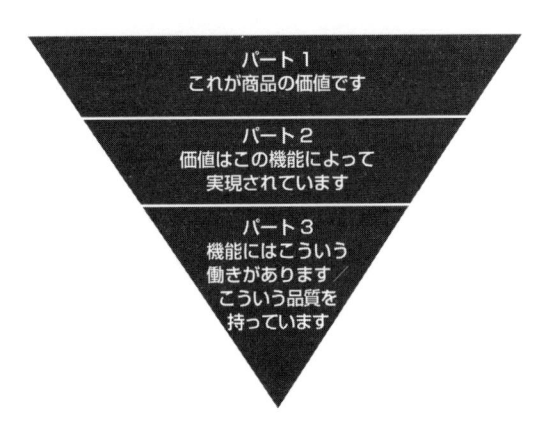

```
        パート1
       これが商品の価値です

         パート2
       価値はこの機能によって
         実現されています

           パート3
         機能にはこういう
         働きがあります
         こういう品質を
          持っています
```

逆ピラミッド型によるシナリオ

　機能や特徴はあるのに価値が書かれていないコピーは興味を引くことができないし、価値は示されているのにその信ぴょう性が証明されていないコピーは説得力に欠ける。価値とその証明、その2つがないとシナリオは成立しない。

各パートは3つの問いかけで考える。

　長いコピーが苦手な人は、まずシナリオを作ることから始めよう。それには、シナリオを構成するパートから考えること。そしてそれは、以下の3つの問いかけによって抽出される。

◎3つの問いかけ
　問1.商品の価値は何か（ユーザーにどんな得をもたらすか）？
　問2.その価値を実現している機能、あるいは特徴は何か？
　問3.それらの機能や特徴の仕組みや働き、品質はどのようなものか？

　では、問いかけの答えからシナリオをどう作るか、アップルのWebサイトにあったMacBook Proのコピーを参考に見てみよう。Retinaディスプレイの紹介で、3つの問いはどのように機能しているだろうか。

問1の答え	「価値」	驚くほど鮮やかで、細部までシャープに映し出される。写真や動画を観るのが楽しい。
問2の答え	「機能・特徴」	510万ピクセルを持つRetinaディスプレイ。
問3の答え	「機能・特徴の品質」	2,880×1,800の高解像度ハイビジョンテレビより300万も多いピクセル数。ピクセル密度が高いと画像はいちだんと現実に近くなる。

　では、オリジナルを見てみよう。3つの問いの答えがしっかり収まっているのがわかる。

写真も動画も驚くほど鮮やか。
それを実現したのが510万ピクセルを持つRetinaディスプレイです。
2,880×1,800の高解像度、つまりハイビジョンテレビより300万も多いピクセル数を持っています。
ピクセル密度がとても高いので、画像は細部までシャープに映し出され、
再現力はいちだんと現実に近づきました。

　はじめに「写真も動画も驚くほど鮮やか」という価値を出して、次に価値を実現した機能「Retinaディスプレイ」を紹介し、「2,880×1,800の高解像度」「ハイビジョンテレビより多いピクセル数」「ピクセル密度がとても高いので、画像は細部までシャープ」といったデータを示していかに優れているかを証明している。

　なお、シナリオの構造がわかりやすいように150字以内でまとめたが、200字、300字の分量が必要な場合は、各パートをさらに詳しく説明して情報を足していくといい。

　長いコピーが苦手な人は、先に挙げた3つの質問からシナリオを作って書くとずいぶん楽になる。文章表現やコピーの見せ方はさまざまだが、ネットの商品紹介記事や商品カタログなど印刷メディアの販促ツールでも、ほぼ同じ構造で書かれている。

他のコピーのシナリオがどう構成されているかを読み解きながら、真似をして書いてみるのがうまくなる近道だ。

＜ワンブロック・ワンテーマ＞で読みやすさ UP。

ところで、読んでもらえる文章を書くコツに＜一段一義＞がある。覚えやすいよう言い換えるなら**＜ワンブロック・ワンテーマ＞**。１つの段落（ブロック）では、１つのこと（ワンテーマ）しか言わないという意味である。読み手を惑わせないためのルールである。

１つのブロックに、異なるテーマを３つも４つも入れてしまうと、読み手は何が言いたいのか、何が重要なのかわからなくなる。キャッチフレーズでもメッセージは１つに絞るのが鉄則だが、同様に文字数に関わらず、ボディコピーでも＜ワンブロック・ワンテーマ＞を心がけたい。多くてせいぜいメインテーマと、メインほど詳しく言う必要がないサブテーマの２つが限度。

つまり言いたいこと（テーマ）が３つあれば、３つのブロックを用意して書こう。例に挙げた Retina ディスプレイについてのボディコピーも、「510万ピクセルの高解像度」という１つのテーマについてしか言っていない。

参考にした MacBook Pro のページでも、Retina ディスプレイについて、実際のボディコピーは「510万ピクセルの高解像度」と「コントラスト比と視野角」の２つのテーマに分けられている。

＜ワンブロック・ワンテーマ＞で書くのは、商品情報以外にリリースや企画書などのビジネス向けの実用文でもリーダビリティの点で使えるコツだ。文章が苦手な人はあれやこれやと詰め込もうとして収拾がつかなくて、まとめ方に悩むことが多いと思うが、＜ワンブロック・ワンテーマ＞を心がけるだけで、すっきりとわかりやすい文章になる。

今回のまとめ

・ボディコピーを書くときは、まずシナリオ（全体の流れ）を考える。
・シナリオは大きく分けて３つのパート（価値・価値を実現する特徴・特徴の詳しい紹介）から作る。
・ボディコピーの訴求内容は１つ。＜ワンブロック・ワンテーマ＞が基本。

★13

イライラさせない「簡潔」なコピー

読まれるには「簡潔」であること。

「簡潔に書く」。文章作法の鉄則として必ず言われることだ。ではネットではどうか。もちろん簡潔に書くのは基本だ。間違っていない。ただし、それだけでは不十分。正確に言うとこうなる。**「簡潔に！もっと簡潔に！」**

理由はしつこく述べてきたネットでの読まれ方である。じっくり読まない。すべて読まない。そんな高いハードルを越えていくには、もっと簡潔に書くことは必須である。

だが、そうは言っても……とあなたは困惑するはず。「簡潔に書く」とは、具体的にどのように書けばいいのかよくわからないからだ。

簡潔な書き方にもいくつか鉄則がある。それを紹介する前に、簡潔でない文章を見てみよう。「簡潔」は「簡潔でない」ものを知るとよくわかる。

前項の例で取り上げた、Retinaディスプレイについてのボディコピーを簡潔でない、贅肉だらけの文章に変えてみた。オリジナルと比べてどこに贅肉が付いているのか、見てほしい。

◎贅肉のついたバージョン

写真も動画も驚くほど鮮やかに映し出します。
それを実現したのが510万ピクセルという高解像度を持つRetinaディスプレイです。
2,880×1,800の高解像度というのは、比べてみるとハイビジョンテレビより
300万も多いピクセル数を持っており、つまりピクセル密度がとても高いということ
を意味し、そのため画像は細部までシャープに映し出され、
したがって再現力はいちだんと現実に近づきました。

◎オリジナルバージョン

写真も動画も驚くほど鮮やか。
それを実現したのが510万ピクセルを持つRetinaディスプレイです。
2,880×1,800の高解像度、つまりハイビジョンテレビより300万も多い
ピクセル数を持っています。
ピクセル密度がとても高いので、画像は細部までシャープに映し出され、
再現力はいちだんと現実に近づきました。

　贅肉のついたバージョンを読むとイラッとするかもしれない。スラスラと読めないし、話の要点がわかりにくい。書かれてある内容は正しい。しかし、伝え方がまずいと読む気が失せるどころか嫌われてしまう。話を聞いてもらえる機会を失うというわけだ。

　どこがいけないのか。グレーで示した箇所が簡潔さを壊している贅肉だ。

◎贅肉部分をグレーで示したバージョン

写真も動画も驚くほど鮮やかに映し出します。
それを実現したのが510万ピクセルという高解像度を持つRetinaディスプレイです。
2,880×1,800の高解像度というのは、比べてみるとハイビジョンテレビより
300万も多いピクセル数を持っており、つまりピクセル密度がとても高いということ
を意味し、そのため画像は細部までシャープに映し出され、
したがって再現力はいちだんと現実に近づきました。

まず「〜という」がしつこい。使わなくても意味が通じるなら省くこと。3番目のセンテンス「2,880×1,800の〜」が長すぎる。120字近くもある。長い分、情報が詰め込まれており、何が重要なのかわかりづらい。

他には「したがって」、「そのため」というつなぎコトバが邪魔。これも必要ない。「高解像度」も1回で十分。冒頭の「映し出します」もあったほうが親切だがなくても通じるし、センテンスも強調される。コピーは国語で習う清く正しい文章である必要はない。

簡潔に文章を書く5つのポイント。

必要のないコトバが多用されたり、センテンスがムダに長いなど余計なことが簡潔さを失わせる。無駄なコトバは使わないのが一番だ。そこで簡潔に書くためのポイントを次に挙げる。これらを守るだけでずいぶん違う。

- ・センテンスは短く。できれば40字〜60字ほどに
  （商品名など固有名詞が長いときは例外）。
- ・センテンスが短いゆえに、伝える内容は1つが原則。
- ・「〜という」「つまり」など、省いても意味が通じるコトバは使わない。
- ・接続助詞「〜が、」や「だが」「しかし」などの接続詞もなるべく使わない。
- ・コトバを節約しよう。短く言える内容は圧縮（まとめ＆言い換え）しよう。

つなぎコトバを入れないと読み手がわからないかもしれない。そんな親切心から、つい余計なコトバを入れがちだ。私も時々やってしまう。でも、読み手は前後の内容から違和感がなければ理解してくれる。不安があるかもしれないが、勇気を持って余計なものは省こう。

例文のオリジナルバージョンはおおむね簡潔ではあるが、内容を損なわず、もっと簡潔にすることが可能だ。簡潔な書き方の鉄則に従って書き直すと次のようになる。文字数もぐんと減ってずいぶんスマートになった。

価値も機能も価値の証明もしっかり入れて100字を切っている。これならキャッチフレーズとURLを埋め込めこんでツイートできる。

◎もっと簡潔なバージョン

> 写真も動画も驚くほど鮮やか。高解像度510万ピクセルのRetinaディスプレイ採用。ハイビジョンテレビより300万もピクセル数が多く、画像は細部までシャープ。再現力はいちだんと現実に近づきました。

　はじめから簡潔に書くのは難しい。内容が決まれば、まずは小さなことを気にせずに書くといい。中国の宋の時代に作られた、科挙の受験者のための模範文集『文章軌範』にもこう書かれてある。「大凡文を学ぶには、初は胆の大ならんことを要し、終は心の小ならんことを要す」と。

　平たく言うと、はじめは大まかに書いてみる、それができたら細かいところを気にせよという意味だ。思い切って書いて、しばらく経って見直す。ココが重要。たぶん書いているときに気づかなかった贅肉が見える。そこからゴリゴリと削ったり、磨いたりしてシェイプアップする。

　文章を書くとき、書いたり消したりして、いっこうに進まない人もいるが、それは時間の浪費だ。長めのコピーだって同じ。まずはシナリオを組み立てたら書くこと。ブラッシュアップしながら整えていけばいいのだ。

宰相チャーチルに学ぶ、超簡潔ライティング法。

　第二次世界大戦中の1940年に英国首相となったウィンストン・チャーチルは、各セクションの長にこんな素敵なことを言ったそうだ。

> 「われわれの職務を遂行するには大量の書類を読まねばならぬ。書類のほとんどすべてが長すぎる。時間が無駄だし要点を見つけるのに手間がかかる。（中略）報告書をもっと短くするようにご配慮願いたい」

さらにチャーチルはこんな指示を出した。「要点は短くまとめて」「見出しを並べたメモを用意して、足りないところは口頭で」「複雑な分析や統計は付録で」。なんとこれ、ネットのリーダビリティ向上にもつながるアドバイスだ。

　ボディコピーでもいくつかの特徴（あるいは機能）を並べて説明しなくてはいけない場合がある。もちろん簡潔に書くことは基本だが、それが250字くらいになるといささか読む気が失せることもあるかもしれない。

　そんなときはチャーチルがヒントになる。コツは要点と箇条書きで構成すること。今度はiPad搭載のiSightカメラのコピーを参考に例文を作ってみた。

◎要点＋箇条書きの例

> 新しいiPadに搭載の「iSightカメラ」は5メガピクセル。
> 目を見張るほど美しく鮮明な写真と動画が撮影できます。
> それを実現したのが先進的な光学機能の数々です。
>
> ・キャンドルの灯りでも美しく撮れる裏面照射型センサー。
> ・カンタンなタッチ操作でフォーカスも露出も設定。
> ・最大10人の顔のピントや露出を自動調節する顔検出機能。
> ・映像のブレを防ぐ自動手ぶれ補正機能。
> ・驚くほど鮮やか、高精細1080pのHD画質。

　ケース・バイ・ケースだが、ネットではこれくらいの潔さがないと読み手は食いついてこないだろう。箇条書きした特徴のリストでも機能の名称よりも興味を引きつけるメリットやキーワードをなるべく先頭（左寄せ）に置くのが定石だ。

　商品パンフレットなど印刷物とは違った見せ方ではあるが、ネットリテラシーの高い読み手は、検索エンジンのように文脈とは無関係に言葉をピックアップするものだ。見出しの詳しい説明はそれぞれの見出しと一緒に簡潔に説明したり、別のページにリンクさせて見せるのがいいだろう。

簡潔に書く、あるいは簡潔に見せることはスマートフォンやタブレットPCのディスプレイを考えると重要になる。気まぐれでせっかちなネットの読み手に小さな画面でもパッと言いたいことが表示できて、しっかりとメッセージを伝えるには、「簡潔に！もっと簡潔に！」コピーを書く必要がある。

　ほら、シンプル・イズ・ベストだよ。簡潔がいちばん。

今回のまとめ

・簡潔なコピーは読まれやすい。ネットではさらに簡潔に書くこと。
・センテンスは短く、接続詞・接続助詞はなるべく使わない、
　コトバを節約する。
・複数の特徴を紹介するときは、要点プラス箇条書きでコンパクトに
　まとめる。

★14

キャッチフレーズのゾンビ化を防ぐ

広告効果の 50% から 75% を担う力があるというのに。

　キャッチフレーズの最大の使命はこの2つ。**＜つかむ＞**と**＜動かす＞**だ。読み手を笑わすことでもなく、心にしみわたらせることでもない。つかまず動かせないキャッチフレーズは、**誰にも読まれないゆえにメッセージを滅ぼすゾンビとなってしまう。**

　＜つかむ＞というのは、読み手の関心を引くこと。注意の喚起だ。消費者の購買行動プロセスとしてよく使われる法則、**AIDMA**（Attention: 注意→Interest: 興味→Desire: 欲求→Memory: 記憶→Action: 購入）や **AISAS**（Attention: 注意→Interest: 興味→Search: 検索→Action: 購入→Share: 共有）で言うAの段階だ。

　メッセージはつねに呼びかけることから始まる。Attention Please.「ハーイ、こちらに注目」とか「ご案内申し上げます」なしには何も起きない。

　＜動かす＞は、もっと知りたいというInterestの喚起だ。クリックさせる、あるいはリードコピー、ボディコピーを読む気にさせること。これらのアクションを促して、はじめてキャッチフレーズはその役割を果たしたことになる。つかむだけで終わってしまうと、やはりゾンビ化はまぬがれない。「A」と「I」、両方への刺激が必要だ。

　どこまで正確かはわからないが、昔から広告効果の50～75%はヘッドライン、つまりキャッチフレーズの力によるものと言われてきた。広告のレジェンド、デイヴィッド・オグルヴィも、ボディコピーを読む5倍の人

03 組み立て方

がキャッチフレーズを読むと言っている。だからこそ軽く考えずに頭に汗をかいてほしい。

キャッチフレーズでリスクを回避する。

　果たして書いたキャッチフレーズが、人をつかんで動かすことができるものなのか？結果は世に出してみないことにはわからないが、事前にゾンビ化を防ぐリスクヘッジの方法はある。

　広告にはいろいろな目的があり、その目的に応じてコピーの表現や内容も変わるから、すべてのキャッチフレーズに通用するわけではない。紹介する方法は「そうだ京都、行こう。」などの名作タイプではなく、直接あるいは間接的に購入につながる広告や宣伝コンテンツのキャッチフレーズ向けだ。

　やり方は簡単、キャッチフレーズの後に「だから気になるでしょ？」または「だから欲しいでしょ？」というフレーズをくっつける。たまたま目についたディスプレイ広告のコピーで試してみよう。

◎例（女性下着の広告より）

> 朝の谷間、ながもち、リボンブラ。（だから欲しいでしょ？）
>
> ヒップアップして脚長に見せる。（だから気になるでしょ？）

　見ての通り、「だから気になるでしょ？」や「だから欲しいでしょ？」と続けて、訴求対象者がうんうんと合点がいきそうであればひとまず合格だ。文章としてはちょっと変だけど、メッセージの意味に納得できるのであればそれも OK。ゾンビ化リスクを最小に抑えられたキャッチフレーズだと判断していい。

近所の工務店の看板に「建てるなら、○○○（住宅メーカー名）の家。」というゾンビなキャッチフレーズが書かれてあったので、これと比較してみよう。

> 建てるなら、○○○の家。（だから欲しいでしょ？）

どうだろう？家を建てたいという人が読んで興味を持つと思うだろうか。たぶんそうならない。

一瞬注目はするだろうが、○○○のセールスポイントがよく知られている、または高いブランド認知を持っていない限り、そこで終わってしまう可能性が高い。キャッチフレーズに何も興味を引く要素がないからだ。しかし、もし「建てるなら、震度5でもびくともしない○○○の家。」とあれば反応も変わってくるはずだ。

読んでもらえるタイトルのつけ方として、「～できる方法」や「～してしまう20の理由」といった実用系ワードを使うことを述べたが、これらも「だから気になるでしょ？」を続けるとピッタリ合う。

例のキャッチフレーズも「胸の谷間が長持ちする」「脚長に見せることができる」と商品のメリットがきちんと示されているから、だから欲しいでしょ？と尋ねられてもメッセージとして成り立つわけだ。つかみのよい、動かす力がある表現となっているのだ。

このキャッチフレーズの品質チェック法は、メルマガやニュースリリースのタイトルやヘッドラインでも使えるので、ぜひお試しを。

どんよりネガティブな気分から始める。

　では、つかんで動かす表現はどう考えればいいのか。＜誰に＞＜何を＞言うかを決めて、それからどうする？という話だが、よく使われるのが2通りのアプローチだ。私は＜ネガティブ・アプローチ＞と＜ポジティブ・アプローチ＞と呼んでいる。

　ネガティブ・アプローチは、その商品がないことで被る不便さや不快さを強調する考え方。ポジティブ・アプローチは、その商品があることで享受できる価値を強調する考え方だ。

　例で挙げた「ヒップアップして脚長に見せる」を使ってみよう。このフレーズは「この下着をはくと脚長に見えます」というベネフィットを示したポジティブ・アプローチの表現だ。これをネガティブ・アプローチに反転してみよう。すると次のような表現が考えられる。

```
ポジティブ：ヒップアップして脚長に見せる
              ↓
ネガティブ：ミニはきたいけど、脚長くないし……
```

　ネガティブ例は、商品を使っていない人が抱える悩みをぼやき風に表現したもの。顕在的あるいは潜在的なニーズを浮き上がらせる＜問題提示＞タイプの表現だ。キャッチフレーズを読んで共感した人は、その悩みの解決策を知りたいと思うから、アクションを起こす可能性が高い。

　このキャッチフレーズで問題を示して、次の段階（リード＆ボディコピー、ランディングページ）で解決策を示すシナリオは、マイナス状態からプラス状態にする＜ソリューション型商品＞に多く使われる。健康食品や化粧品の通販広告や通販CMでおなじみのパターンだ。新聞には毎日のように通販広告が掲載されているので、スクラップしてネタ帳を作っておくといい。

とことんポジティブな気分にさせる。

　ポジティブ・アプローチは、価値、あるいはベネフィットをくっきりさせることがポイントとなる。左ページのフレーズでは「脚長に見える」ことがベネフィットだが、キャッチフレーズを考えるときは、もっとその先のイメージ、つまりもたらされる喜び、つまり価値まで想像してほしい。

　たとえば「脚長に見える」なら、「ミニスカートやミニワンピースが似合う」とか「パンツ姿がカッコイイと言われた」とか商品を使って満足しているシーンまでイメージを広げてみる。そうすると、さまざまな表現アイデアが浮かんでくるはずだ。それはキャッチフレーズで使ってもいいし、ビジュアルに使ってもいい。

　価値を享受しているイメージをくっきり示されると、人は「！」となって注目し、興味を持つもの。あいまいでぼんやりしているメッセージにはうんともすんともしない。ふだん、私たちはうわの空で自分の欲求に気づいていないことが多い。

　だから、キャッチフレーズには注意とイメージを喚起する表現が必要になる。「A」と「I」を刺激するコトバだ。それをわかりやすく簡潔な言い方でやれと言うのだから難しい。その意味で、少しでも楽にキャッチフレーズを考える方法として、ポジティブとネガティブ、この２つの切り口から考えるとひらめきやすくなる。

今回のまとめ

・キャッチフレーズの最大の目的は＜つかむ＞と＜動かす＞である。
・キャッチフレーズの後に「だから欲しい／気になるでしょ？」をくっつけて、違和感がなければ、ひとまずOK。
・＜動かす＞にはネガティブ／ポジティブから考えるのがコツ。

★15

訴求ポイントは「認知度」によって変える

消費者の関心は、認知度によって変化する。

　キャッチフレーズは**商品認知度**（以下、**認知度**）に合わせて考えないと効果が期待できない。広告コピーにおいて、キャッチフレーズの訴求ポイントを選ぶのは効果に関わることもあって重要だ。では何を基準にして選ぶのか。実のところ認知度は、最も大事な＜誰に＞＜何を＞言うかと同じくらい効果を左右する。

　認知度というと、商品名やブランド名、社名といった名前を知っているかどうかと思われがちだ。知名度のイメージである。間違いではないが十分ではない。

　認知度とは商品と商品がもたらす価値について、どれだけの見込み客が知っているか、その現在の認識度である。つまり、**商品名と価値がセットで知られているかどうか**である。

◎認知度とは……

✓「MarkeZine」というサイト名を知っている

✓「広告・マーケティングの最新動向についての記事を無料で読める」という価値を知っている

©iStock.com/joecicak

商品名と価値がセットで知られているかどうか

なぜキャッチフレーズを認知度によって変えなければいけないのか。それは認知の段階によって心が動くポイントが変わるからだ。商品に対する興味、または商品の価値に対する私たちのニーズは一定ではなく、つねに推移する。

　人気商品などの認知度の高い商品ではメッセージにあまり工夫は必要ない。反対に新商品などの認知度の低い商品では、その商品がどんな価値を持つか、あるいはどんな市場カテゴリーに分けられるのか、そこから訴求しなくてはいけない。

なぜお得感の訴求が不発だったか？

　以前、担当したホテルのネット広告（ディスプレイ広告）で認知度による違いを経験した。はじめてのネット広告ということでビジュアルもキャッチフレーズも、**＜お得感を訴求した価格案＞**と**＜雰囲気を訴求したコンセプト案＞**の２タイプを用意してテストをした。

　単独のネット広告ははじめてだが、予約サイトには掲載実績もあったし、名前もよく知られているように思われた。また、ネット以外の販促ツールで宣伝を行ってきたから認知度は高いだろうと踏んでいた。

　そのため、具体的な金額を表示した価格訴求案のほうがレスポンス（クリックスルー率）は多いだろうと予測した。ところが実際の反応は、価格訴求案のほうが予想をはるかに下回った。反対にコンセプト案は予想よりも高かった。

　この結果を受けて考えた仮説は、「名前はある程度知られているかもしれない、しかし価値については十分に知られていない」ということだった。価値と価格が比較できずにお得感が理解されないため、価格訴求案が不発に終わったのだ。

認知の段階によって心が動くポイントが変わる

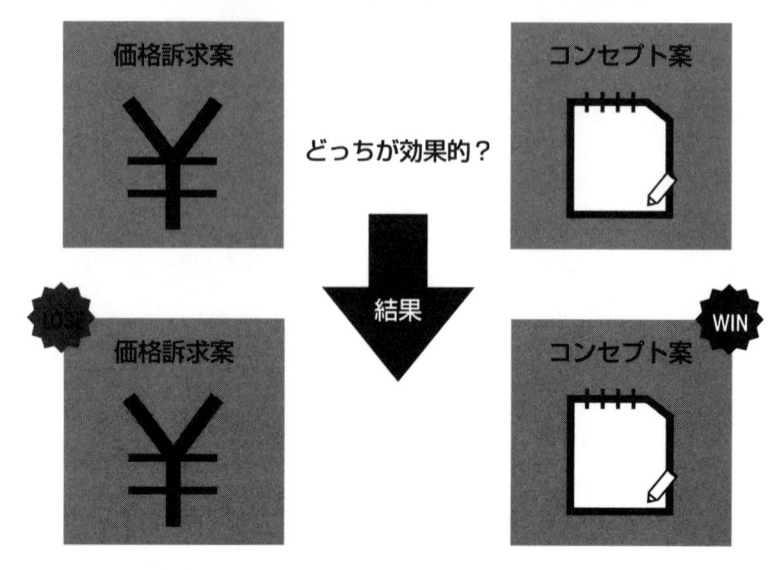

価格訴求案	どっちが効果的？	コンセプト案
¥		📝

結果 ⬇

価格訴求案 LOSE		コンセプト案 WIN
¥		📝

**価値と価格が比較できずにお得感が理解されないため、
＜価格訴求案＞の評価が良くなかった**

　基本的に「欲しい」という気持ちになるのは、価値と価格の関係が、【価値＞価格】の場合である。「その価格でそんな大きな価値なら安い」と感じてもらえるイメージだ。しかし、反対だと「その価格でたったそれだけ？」となって購入したいとは思わないものだ。

　価値が理解されていなければお得感の訴求も効果がないのである。つまり、キャッチフレーズのメッセージも受け手の認知度にふさわしい表現になっていればこそ、効果を最大に発揮できるのである。

5段階の認知度ごとにアプローチを変えよう。

　認知度とキャッチフレーズの関係については、『市場の壁を打ち破るプロ広告作法』を書いたユージン・M・シュワルツが示した5つの認知度が参考になる。シュワルツは次のように認知度を高い順に5段階に分けて、それぞれにふさわしいキャッチフレーズの表現作法を紹介した。

第1段階	商品のことをよく知っているし、欲しいと思っている
第2段階	商品のことを少し知っているが、まだ欲しいと思っていない
第3段階	商品の機能は必要としているが、あなたの商品のことは知らない
第4段階	商品の必要性は感じているが、あなたの商品がそれを満たすことには気づいていない
第5段階	商品をまったく知らない、欲しいと思わない、機能の必要性も感じていない

　それぞれの段階ごとにアプローチのポイントを見ていこう。

【第1段階】価値のリマインド（思い起こさせる）だけでOK

　この段階は難しくない。認知度が高いので価値のリマインド（思い起こさせる）だけでOK。

　「新しいiPad」のように、商品名（あるいは商品写真）と「目に見えて革命的」「圧倒的なRetinaディスプレイ」といった価値や特徴を示すキャッチフレーズで十分だ。

　販売が目的なら、40%オフなどのディスカウント価格やキャンペーンの特典を強調する。＜認知度が高い＝価値がわかっている＞からお得感を訴求すれば心が動かされやすくなるというわけだ。

第1段階
✓ KNOW
✓ WANT
商品のことをよく知っているし、
欲しいと思っている

第2段階
✓ KNOW
商品のことを少し知っているが、
まだ欲しいと思っていない

第3段階
✓ NEED
商品の機能は必要としているが、
あなたの商品のことは知らない

第4段階
✓ NEED
商品の必要性は感じているが、
あなたの商品がそれを満たす
ことには気づいていない

第5段階
商品をまったく知らない、
欲しいと思わない、
機能の必要性も感じていない

©iStock.com/joecicak

【第2段階】価値を最大に強調する

　この段階から、頭を使わざるを得なくなる。価値を最大に強調するというのがセオリーだ。価値を示すことで、潜在化しているニーズ（必要かも）を刺激してウォンツ（欲しい）に変え、商品の必要性を高めるアプローチだ。ここも「新しいiPad」を例に使ってみる。

> 最高に美しく撮れて、驚くほど鮮やかに再現。

　次のように商品名を入れて、価値と商品名をひもづけて強く印象づける表現もあり。

> 新しいiPad、写真もビデオも圧倒的に美しく再現。

世の中の商品の大半が当てはまる段階。

【第3段階／第4段階】：問題解決策として商品を示す
　第3段階「商品の機能は必要としているが、あなたの商品のことは知らない」と次の第4段階「商品の必要性は感じているが、あなたの商品がそれを満たすことには気づいていない」では難易度はさらに上昇。やっかいなことに世の中にあるたいていの商品はこの段階に集中している。しかも2つの段階の違いが微妙なので区別しにくい。アプローチも似ている。だから、同じように考えてもさしつかえないだろう。

　そこで、「商品の価値（機能や特徴から生まれる）は必要としているが、あなたの商品がその価値を実現させることは知らない」とまとめる。ニーズは自覚しているが、それを満たす商品が何かがわからない、知らないという状況だ。

　この間、口内炎になったようなので、「口内炎」「薬」と検索した私の状態と言ったら、わかるだろうか。この段階のアプローチは問題解決策として商品を示す表現がマッチする。2章で述べた＜問題と解決＞を示すアプローチを使おう。

> そのタブレットのディスプレイは、驚くほど鮮やか？

> 写真やビデオを美しく見たいなら、Retina ディスプレイ。

【第5段階】商品のカテゴリーやコンセプトを示して見込み客を選ぶ

　第5段階「商品をまったく知らない、欲しいと思わない、機能の必要性も感じていない」ではさらにハードルは上がる。ここでは商品の正体（市場のカテゴリーやコンセプト）を示して、見込み客を選ぶアプローチがフィットする。

　以前、担当したあるサービスはこれまでにない新しいものだったので、このアプローチを使った。メインのキャッチフレーズで「これからの◯◯は◯◯で」とコンセプトを、サブで「◯◯◯？いいえ、まったく新しい◯◯サービスです」と、誤解されやすい既存のサービスを引き合いに出して、新しいカテゴリーであることを示した。

　表現としては、iPadが登場したときのフレーズが参考になるだろう。

> ノートブックよりずっと使いやすく、スマートフォンよりずっと高機能。

> 魔法のような革新的なデバイス。

> もうネットブックで我慢しなくていい。

　以上のように商品には認知度の段階があり、キャッチフレーズはその段階にふさわしい表現が必要だ。ある段階で効果的な表現でも違う段階では効かない。商品のライフサイクルと同様に認知度によって受け手である消

費者の関心は変わる。そこを無視した身のほど知らずなコピーには効果なしという哀しい運命が待っているのである。

> 今回のまとめ
>
> ・キャッチフレーズは商品の認知度にマッチした表現が求められる。
> ・商品の大半が当てはまる第３段階／第４段階のアプローチは問題解決の訴求がカギ。
> ・これまでにない新しい商品は、コンセプトやカテゴリーを示してわかりやすく紹介する。

コピーの上達に役立つ本【構成力を鍛える】

文章力の基本
阿部 紘久 著（日本実業出版社）

文章の書き方にも原理・原則があって、それを踏まえて書けばわりと簡単に短期間で、ある程度のレベルまで上達する。キャッチフレーズに比べボディコピーはしっかりした文章力が求められる。本書ではコピーに不可欠な、読み手にやさしいわかりやすい文章の原理・原則が例文を交えて紹介されているので役に立つ。

ザ・コピーライティング
ジョン・ケープルズ 著（ダイヤモンド社）

コピーライティングのバイブルと言われている本。効果的なキャッチフレーズをはじめコピーの書き方と事例がこれでもかと言わんばかりに盛り込まれている。しかも、全部実証テスト済みなので信頼できる。レスポンス重視のダイレクトマーケティング系ツールやネット広告のコピーに大変役に立つはず。でも、重いので足に落とすと痛いのでご注意を。

クルマの広告
西尾 忠久 著（ロング新書／KK ロングセラーズ）

20 世紀最高の広告キャンペーンと言われているフォルクスワーゲンの広告。東京コピーライターズクラブの名誉の殿堂入りを果たした著者が選んだ広告のビジュアルとコピーが多数掲載されている。訴求ポイントの切り出し方やコピーの構成が学べるだけでなく、コンテンツづくりのヒントにもなる。

通販生活（カタログハウス）

商品の価値が前に出たキャッチフレーズ、機能や特徴を丁寧にわかりやすく説明するボディコピーなど、優秀な店員さんのようなコピーが特徴。表現だけでなく、説明の組み立て方の参考にもなるので、ボディコピーなど長めのコピーが苦手な人にはいいお手本になる。

04

「表現」の突破口

「知りたくない」が「知りたい」に、
「興味ない」が「興味ある」に。
同じことでも表現しだいで変わる。
気持ちを変えてしまう伝え方には、
固い心の壁を解きほぐす知恵が込められている。

★16
勝負は一瞬、「書き出し」でつかめ

太宰治さえも出だしに気合いを入れた。

　コピーも示現流のごとく、出だしに魂を込めよと言いたい。時代劇や歴史ものに詳しい人なら耳にしたことがあるかもしれないが、示現流とは江戸時代の初期、薩摩（今の鹿児島県）で生まれた剣術である。数ある剣術の中でもユニークな特徴を持っている。

　ひとことで言うなら、初太刀ですべてを決する。最初の一撃で仕留めることを旨としている。二の太刀はもってのほかというもので、幕末、新撰組の近藤勇は「薩摩っぽとやるときは初太刀を外せ」と隊士に注意を呼びかけていたという。コピーと同じだ。**そう、すべてはイントロで決まる。**

　コピーにおける「初太刀」はキャッチフレーズだが、リードコピー、ボディコピーといった長めのコピーでは第一センテンスだ。つまり出だしの文章だ。話をどのように始めるか、どのようなセンテンスで始めるかで読む、読まないが決まると言っていい。しかし、いざ書こうとすると悩む。

　ホラーやSF小説で知られる作家、ディーン・R・クーンツは『ベストセラー小説の書き方』の中で、最初の1ページ、ファーストシーンが勝負だと言う。そこで読み手の心をつかむことができなければその本は棚に戻されるだろうとアドバイスをしている。

　確かに小説の冒頭にはその先を読みたくなるような表現が多い。たとえば太宰治、出だしのうまい作家だ。話の先を知りたくなるような表現をいくつか見てみよう。

メロスは激怒した。必ず、かの邪智暴虐の王を除かなければならぬと決意した。
（走れメロス）

　恥の多い生涯を送って来ました。
　自分には、人間の生活というものが、見当つかないのです。
（『人間失格』の「第一の手記」）

　おわかれ致します。あなたは、嘘ばかりついていました。（きりぎりす）

　菊子さん。恥をかいちゃったわよ。ひどい恥をかきました。（恥）

　小説家でさえ、こうした読まれる努力をしている。ましてや、気まぐれな読み手が相手のネットでは、それなりの初太刀で切り込まなければいけない。

　そうは言っても、太宰治のような書き出しは誰にでも簡単に書けるわけではないし、コピーにそこまでの文学性は必要ない。それに幸いなことにコピーの場合、よく使われるパターンがある。ボディコピーやセールスレターの書き出しに悩む人は、パターンを真似して書くのが近道だ。

ネガティブで考えたらポジティブでも考える。

　広告コピーを見てみると、同じような書き出しが少なくない。その中から使いやすいパターンを紹介する。

＜事実や真理を示す＞パターン
　ひと口に事実と言っても、客観的事実、データ、ものごとの真理などさまざまだ。それらを示すことで読み手を不安にしたり、自分に関係する情報だと気づかせたりして話に引き込む。

04 表現を磨く

> 5月は1年のうちで最も紫外線が強いのです。
> UV対策は夏でなく春から始めるのが基本。

> 気になるデータがあります。
> 住宅の平均寿命はアメリカで約55年、日本はわずか30年。

> よくオシャレは足元からと言います。まずは靴選びが重要です。

　もし事実が不安にさせるような内容ならば、その先に待ち受けているであろうイヤな状況を示し、さらにその解決策を提案して商品の機能や価値に結びつける。最初に真理や原理原則を示すのであれば、それにそって商品の機能や価値を紹介する。

　はじめは一般的なことから始めて、読み手の関心を引きながら徐々に商品に焦点を合わせていくイメージだ。

＜不安・不便を並べる＞パターン
　簡単に言えば、「こんなことで困っていますよね」というメッセージで始める方法。通販広告、通販CMでおなじみのアプローチだ。不安や不便は顕在化しているものだけでなく、潜在化しているものにも訴求する場合がある。

> 休んでも疲れが抜けない、だるい。こんな悩みで困っていませんか。

> 英会話スクールに通いたいがコストが気になる。そんな方におススメです。

> カーペットの食べこぼしや飲みこぼし、すぐに拭いてもシミになってしまう。

不安、不便を示して「困っていませんか」、そして「そんな方におススメです」「そんな悩みを解決します」などのセンテンスで受けて解決へと導くシナリオだ。

　使い尽くされてきた表現だが、示された不安や不便に思い当たることがあれば効果がある。だから今でも使われている。問題を浮き彫りにしたら、次は解決策を示す。解決策を商品の機能と結びつけながら商品を紹介するというのが基本的な話の運び方だ。

　言ってみればネガティブな視点からのアプローチだが、これをポジティブな視点に反転するとまた別の書き出しが生まれる。3章で述べたネガティブ／ポジティブでの発想だ。左ページのネガティブなコピーをポジティブに変えてみると次のようになる。

休めば疲れもだるさもスッキリ解消。そんなカラダになれば毎日が充実しそう。

安いコストで学べる英会話スクールがあるとうれしい。そこで実現したのが〜

飲みこぼしもサッと拭きとれると、カーペットのおそうじもラクなのに。そんな声に〜

　不安や不便は希望や願望と表裏一体、ネガティブから語るか、ポジティブから語るかで表現は異なるが、訴求のゴールは同じである。どちらか一方ではなく、ネガ／ポジ両方で考えると表現のバリエーションも生まれるし、アイデアの引き出しも増える。

アドバイス、ニュース……アプローチはさまざま。

書き出しのパターンはもっとある。よく使われるものを挙げていこう。

＜アドバイスをおくる＞パターン

商品の機能や価値をアドバイス（のように）として言うアプローチだ。もちろん、読み手に対して価値がある内容でなくてはいけない。

> 早くうまくなりたいなら、プロから学ぶのが一番。
> プロのノウハウは原理と実証に裏打ちされているからです。
> この教材はプロが使うスキルを余すことなく〜

＜選び方を示す＞パターン

アドバイス型の応用である。商品の機能や価値を選択の基準として示すアプローチだ。

> いろいろなタブレット端末がありますが、選ぶならバッテリーの時間が長いタイプがおススメです。なぜなら〜

＜気持ちに寄る＞パターン

相手の立場に立った「そうそう」と同意してもらえる話し方から入るアプローチ。潜在化している問題や新しい気づきや視点を示すことが多い。

> 本当は大切な思い出の品なのに置く場所がないから、ついしまい込んでいる。
> 残念ですね。でも、よい方法があります。

> キッチンは家の中でいちばん忙しい場所です。
> だからこそ、料理もかたづけもサッとできる使いやすさが必要です。ポイントは〜

＜ニュース＞パターン

　新商品やリニューアルのときによく使われるアプローチ。新しさ、斬新さ、従来よりも大きく変化したことなどを強調する。応用で商品のコンセプトを言うアプローチもある。

画期的なビール飲料が新登場、その名も「アルコールゼロ」！
本物のビールの味と同じなのに〜

これまでのものとは違うまったく新しいタイプの〜です。今までは〜でしたが〜

飲むのではなく、食べるスープ。新商品「スープ飯」は〜

関心をつかんでもウソ臭いと信用されない。

　以上のように書き出しのパターンは実にさまざまだが、基本的な考えは「読み手の関心をつかむこと」で共通している。そのために気になること、たとえば心配事やお得な話、読み手に関係する情報から始めるのだ。

　ただし、ウソ臭い内容はだめ。ちゃんと根拠を示すなどして、納得できるものでなくてはいけない。信頼されることが必要だ。つかんだら問題の解決策や読み手のためになる提案を示す。

　もちろん商品の機能が実現することや価値であることが条件だ。そうした流れの中で商品を紹介していく。この一連の流れをスムーズに作ること。それがうまく書くコツだ。

　コピーは「はじめ良ければすべて良し」である。書くときは、どうか最初の一撃に魂を込めていただきたい。

今回のまとめ

・キャッチフレーズ同様、ボディコピーも出だしで読まれるかが決まる。
・よく使われるのが事実や真理、不満や不安、ニュースやアドバイスを示す出だしパターン。
・いくら関心を引く内容でも、信ぴょう性のないものは納得されない。

★17

欲しくなる理由、「動機づけ」を仕込む

ヒットを生みだす3つのポイント。

　そのキャッチフレーズを見たとき、これは効きそうだと思ったのでその場でメモをした（思わず反応したコピーはメモなど記録しておくこと。溜まればネタ帳になる）。

　なにしろ3つもおいしいポイントが盛り込まれている。歴史家W・H・マクニールが書いた『世界史』という本のPOPのキャッチフレーズだ。

　1967年に出版され、日本では2001年に刊行された、いわばロングセラーだ。2012年3月時点で上下巻30万部売れているという。世界史の本は売れないと言われているので異例のヒットだ。2011年に東京大学の生協で火がつき、2012年の2月ごろから書店でも販促を展開したという。

　約60字のキャッチフレーズが機能して、あまり売れていなかった商品をヒットさせ、さらにその現象をメディアが取り上げ、それがTwitterなどで拡散されて、さらに売れ行き好調という一連の流れは理想的なセールスプロモーションと言っていい。

　売れている理由はいくつかあるようだが、書店の店頭に置かれたPOPのキャッチフレーズが効いているというのは想像に難くない。販促ツールと言っても、売り場ではこのPOPしか見かけなかったからだ。

　実はこの『世界史』には、「世界で40年以上読み継がれている名著」というキャッチフレーズもある。ニュースリリースのヘッドラインではこの

表現でもいい。しかし、売り場で訴求するにはもっと興味を持つような、欲しくなるような表現が欲しい。その点でよくできているコピーだ。

◎『世界史』のPOPで使われたキャッチフレーズ

> 海外の学生はこの本を読んで世界史に強くなっています。
> たった2冊で大丈夫。世界史を理解する最後のチャンスです。

　本の内容に触れずに、読むことでもたらされる価値を訴求しているのがわかる。初対面では関心を持ってもらうことが重要。それに、やさしい言葉による簡潔な表現もいい。さらには冒頭で述べた通り、よく使われるコピーライティングのポイントを3つ見ることができる。それらがうまく受け手に動機づけをしている。

　知る前は興味もなかった、ましてや欲しいとも思わなかったのについ……といった購買行動を起こさせるようなキャッチフレーズは動機づけが巧みだ。そこには気になる、手に入れたくなる表現のコツが仕込まれている。いずれもコピーライティングの定石だ。

信頼感や心理的な抵抗感へアプローチする。

　うまく動機づけを行うには、手に入れるべき理由を示すことだ。そして、その理由では今よりもっと良くなる、あるいは問題の解決につながることをイメージさせよう。場合によってはそれを証明して納得させる。いかに表現したらいいのか、『世界史』のキャッチフレーズで見ていこう。

【ヒットのポイント】その1：第三者の評判を使う

　まずは最初のセンテンス、「海外の学生はこの本を読んで〜」から。海外では世界史のバイブル的存在といった特徴を、ユーザーなど第三者による評判・評価の視点から言っている。「この本を読むと世界史に強くなります」ではただの自慢になるが、第三者による評価（もっとも、評価の真

偽を確かめる術はないが）を示すことで信頼されやすくなる。

　新商品ではできないが、定番商品の販促を強化したいときによく使われるパターンだ。「20代女性に人気」「クリエイターの多くが使っている」「デザインで選ばれている」から、数字を入れた「シェア No.1」「人気ランキング1位」まで、さまざまな表現で使われる。

　なお、シェア No.1 といった数字などのデータを出すときは、「〜調べ」など根拠を示すこと。さらに「人気」「好評」「売れている」「選ばれている」など評判や評価を使うときは、「スマホ人気 No.1、使いやすさで選ばれています。」のように、なぜ選ばれているのかその理由まで示すと説得力が増す。

【ヒットのポイント】その2：数字でハードルを下げる

　次の「たった2冊で大丈夫」は具体的な数字を使って約束をする表現で、心理的なハードルを下げるときに用いられるパターンだ。「たった1週間でマスター」のように時間や物理的な労力、コストの少なさが特徴である場合、それを強調することで「それなら試してみるか」と心理的なハードルを下げ、抵抗感を小さくすることが期待できる。

　ただし、ハードルが高そうな場合は訴求力が弱いので使えない。もし『世界史』が上下2冊ではなく全10冊であったら、「たった」と強調されても試してみようとは思わないのではないか。そう考えると「たった」「わずか」「ほんの」といった数量の少ない言葉が合う場合限定の表現だ。

【ヒットのポイント】その3：タイミング・希少性を強調する

　3つめの「世界史を理解する最後のチャンス」は、「最後のチャンス」で商品を手に入れるタイムリーな機会であることが強調されている。このコピーは学生を対象としたものだと思うが、中高年の私にとってもいい機会かもしれないと思わされた。『世界史』の購買層は30代〜50代が多いということなので、私と同じように感じた人も多かったのかもしれない。

商品が必要と思わせるタイミングを見つけ出す。

　ところで、商品のタイムリーな訴求、いわばグッドタイミングの提案はどう考えればいいかという話だが、これは作ればいい。頭の使いどころだ。商品を使うシーンとタイミングや機会を結びつけてみよう。ずいぶん古いけれど有名な例を紹介する。

　どこまで真実かはわからないが、丑の日にウナギを食べる習慣は江戸時代の元祖コピーライター平賀源内の仕掛けによるものとされている。ウナギが夏に売れない（ウナギが一番おいしいのは秋から冬）という問題を解決するために源内は、ウナギを丑の日に食べると夏バテしないという古い伝承を利用したのである。

　たとえば春休みと英会話を結びつけてみよう。そうすると「英語話せるんだ、すごいねと新学期にみんなを驚かそう。」というキャッチフレーズが考えられる。新学期に友人をうらやましがらせるという目的を設定して、英会話を習う動機を高めるわけだ。

　「世界史を理解する〜」のセンテンスでは、グッドタイミングの提示以外にさらに「最後の」という言葉で**機会の希少性**も強調している。背中を押すような表現だ。「こんな機会はこれっきり」と言われると、人はチャンスを逃して後悔したくないので行動する可能性は高い。

　希少性の訴求では、「期間限定」や「数量限定」、「あと３つ、お急ぎください」などのあおり文句が浮かぶが、機会と結びつけるパターンもよく使われる。

　あるクリスマスイベントの広告で使われた「３歳のクリスマスも、５歳のクリスマスも一生に一度。」というキャッチフレーズはその良い例で、毎年訪れるクリスマスを一生に一度の機会という希少性の高いものにすることで高い動機づけをしている。この歳の子どもを持つ親はイベントに参加したくなるはずだ。

『世界史』のキャッチフレーズには「特徴を第三者の評価で言う」「少なさ、小ささを強調して心理的ハードルを下げる」「機会の希少性を強調して購入のグッドタイミングと思わせる」と3つの表現パターンが使われている。

欲しい！と思わせるアプローチのポイントは、いかに動機づけを示すかである。商品の価値やベネフィットと人の欲望をいかに結びつけ、欲しくなる理由を見せられるかが発想の入り口である。

今回のまとめ

・欲しいと思わせるコピーは、動機づけ（欲しい理由の提示）が巧みである。
・ヒットした『世界史』のコピーには、＜信頼感＞＜心理的ハードルを下げる＞＜希少性＞を活かした動機づけがなされている。
・動機づけは、価値やベネフィットと人の欲望をうまく結びつけることが大切。

★18

強い印象を残す「濃縮還元フレーズ」

女性誌の見出しにはヒントがあふれている。

　雑誌の見出しはキャッチフレーズを学ぶ上でとても参考になる。いつも中刷り広告や表紙には、むしょうに記事の内容を知りたくなる、好奇心を刺激する表現があふれている。

　雑誌によってはわざと目次とは違う表現にする場合もある。当然、目次よりも引力の強い表現にしている。雑誌の中でも特に女性誌の見出しはよく考えられており、アテンションとインタレストを刺激するものが多い。

　最近の女性誌は付録で客寄せしている印象が強いが、だからといって見出しをなおざりにしているわけではない。あいかわらず工夫された表現で虎視眈々と読者を誘っている。そこで、ここ1カ月の間に発売された女性誌の中から、目立ったものをピックアップしてみた。

辛口カジュアル
魂がふるえる旅。人生をリセットする4つの国へ
大人は「メリハリ塗り」で発光美肌！
やさしさ花咲く「サクラ顔」
春のおしゃれホワイトプラン
「ゆるトラの母」がいる。
キレイの秘密は「里子シンプル」にある！
前髪マジックで高めよ、おでこ力

主に女性ファッション誌の見出しだ。感心するのは言葉や意味を濃縮して表現するセンスである。「ゆるトラの母」は、「ゆるくて楽なトラッド・ファッション」を短縮した表現（もちろん、ウルトラの母にもかけている）。白い服と白い小物によるコーディネートを「春のおしゃれホワイトプラン」とコンセプトのように表現したものもある（これも携帯キャリアの料金プラン名をもじっている）。

　いずれもキレのよさがありながら、瞬時に意味がわかる、あるいは興味をかきたてる力がある。言葉の意味や伝えたい情報を煮詰めて取り出された表現はメッセージがギュッと詰まっており、引きの強さ、伝達の速さ、覚えやすさが強化される。

濃縮還元フレーズはネットと相性が良い。

　こうした「言葉・意味の濃縮還元」はキャッチフレーズでもよく使われるやり方で、特にネットのライティングには不可欠だ。理由は2つある。

【理由】その１：ユーザーは読むというより見る

　ネットでは文章はたいてい流し読みされる。見出しや最初のセンテンスをサッと流し読みして、その先を読むかどうか決める。ニュースサイトのようにヘッドラインが多く並んでいる場合でも、ひとつひとつチェックすることはなく、単語を拾いながら気になる単語があれば読む。

　つまり読むのではなく、見るといったほうが近い。そうした行動を想定するならば、キャッチフレーズも簡潔で強い表現でないと、読み手に無視される。視線を送った瞬間に目に飛び込んでくるような表現が欲しい。その意味で＜言葉・意味の濃縮＞は有効だ。

【理由】その２：強い伝播力

　iPadがはじめてお目見えしたとき、スティーブ・ジョブズは「僕らは、魔法のような革新的デバイスを驚きの価格で提供することに成功した」とプレゼンテーションの最後を締めくくった。

　これを受けて、CNNなどのメディアは「魔法のようなiPad」や「iPadは革命的で魔法のようだ」と書いたという。ちなみに「iPad」「革命的で魔法のような」で検索すると、約11万6千件もヒットした（2014年7月時点）。**強い表現は伝播力だけでなく、拡散力もあるのだ。**

　たとえ魅力あるメッセージでも、それを誰かに伝えるときにわざわざ自分で要約したり、キャッチフレーズを作って伝えるのはひどく面倒だ。また長い表現だと覚えにくく、間違って伝えることもある。

　それに簡潔であればクチコミにも乗りやすい。SNSによる広がりも期待できる。つまりはじめに情報に触れた人だけでなく、その人から情報を受ける人へも伝わりやすいのだ。これはキャッチフレーズだけでなく、リリース、プレゼン資料等のタイトルや見出しにも言えることだ。

意味やコンセプトをまとめる、置き換える。

　では、濃縮還元フレーズはどう生み出すかということだが、これは脳をフル稼働するしかない。こればかりはGoogle先生に聞いても答えは出てこない。「〜できる10の方法」のような表現のテンプレートがあるわけではないので脳に負荷を与えて絞り出すしかないのだ。すまない、ショートカットはないのだよ。

　ただ近道はないが、考えるコツとして挙げられるのが**「早い話が……」「要するに……」で考えるやり方**だ。

　ウォシュレットの広告コピー「おしりだって洗ってほしい。」など名作コピーやヒットCMで知られるコピーライター仲畑貴志は、まず原稿用紙の1行目に「早い話が」と書く。それに続けて「早い話がなんとかかんとか」とコピーを書き、最後に「早い話が」と書かれた部分をハサミで切り捨てる。そして残った部分を吟味していくという。

　「早い話が」の代わりに「要するに」でもよい。濃縮還元する場合は、さらに書いたコピーを10字以内にするなど文字数を短くする工程も必要になってくる。その他にもコツがあるので、いくつか紹介する。

まとめて短縮する

　機能などに共通の要素があれば1つにまとめる。たとえば、地震通知メールや避難マニュアルなど、地震に備えた複数の機能を持つアプリがあるとしよう。短くまとめると次のようなキャッチフレーズが考えられる。

> 地震対策、入っています。

　冒頭に紹介した女性誌のヘッドライン「春のおしゃれホワイトプラン」も同じ考え方だ。まとめるという意味では、コトバを短縮して2つ以上のことを1つにする表現もある。ふわりとしていて、とろける食感を「ふわ

とろ」、安くてカワイイ服が「安カワ」などのように分野を問わずよく使われる方法で、濃縮還元フレーズの王道とも言える。

価値やコンセプトで言い換える

　商品の価値を短く言う表現だ。2章で紹介したレトリック、隠喩である。ジョブズが得意なアレだ。以前に居酒屋で見かけたポスターに書かれてあった「美白鍋」。コラーゲンがたっぷり入った鍋らしい。そして、美白鍋中心の宴会メニューをこう訴求していた。

> Ｗコラーゲンたっぷり、美肌宴会はいかが？

　こうしたフレーズは女性誌が最も得意とするところだ。ちなみに、Tシャツからネクタイまで着回せるジャケットのことを男性ファッション誌では「全方位ジャケット」と表現。これは価値というよりコンセプトで言い換えたフレーズだ。

　流行語にもなった「草食系男子」もコンセプト型だ。他にも「音楽は心のビタミン」のように比喩を用いた表現が多い。性質、形状などの特徴を別の既存のコトバに置き換える方法である。

　「濃縮還元フレーズ」もメッセージのエッセンスを凝縮するという性質を言い換えた表現である。はじめは煮詰めて取り出した「結晶化フレーズ」にしようかと思ったが、結晶化ではピンとこない場合もあると思ったので、よりわかりやすい「濃縮還元」にしたのである。

1行で表現できない映画はヒットしない。

　こうしたテクニックは語彙力がないと難しいと思うかもしれないが、国語辞典、類語辞典など辞書の手を借りて考えてみよう。また、ちょっとした会話がヒントになることもあるし、はじめに述べたように雑誌の見出しを参考にする手もある。また、レトリックを使って考える方法もある。大

変だが、がんばってほしい。あなたの放ったフレーズがヒットを生むこともあるのだ。

「巨大ザメが人間を襲う」。『ジョーズ』で知られるハリウッドの映画プロデューサー、リチャード・D・ザナックは言った、「映画を宣伝するときは1行にすること。1行で表現できない映画はヒットしない」と。

名言だが、この人はサメ以外にも「ヘビ人間が襲う」「火を吐く竜が襲う」と1行で言える襲撃映画が好きなようだ。これは覚えなくてよい。

今回のまとめ

・女性誌の見出しのように短くキレがあるフレーズはネット向きである。
・引きが強く、覚えやすいので、ネットでの拡散力が強い。
・こうしたフレーズは意味の圧縮、コトバの短縮、置き換えなどで考える。

★19

平凡なフレーズは比喩で素敵にする

なぜ「おいしい生活。」が忘れられないのか？

　言ってみれば、それはスイカにふる塩のようなものだ。しょっぱさがスイカの甘みを引き立たせるように、忘れがたい文章にはレトリックが必要だ。もちろん、実用文であるコピーにも。

　レトリックとは、古来ギリシア語「レトリケ」に由来する修辞学という弁論技術である。平たく言うと効果的な言葉のテクニックである。**平凡な表現を鮮やかに変身させる術だ。**

　レトリックはピタッとはまれば表現に輝きが出るが、外すと意味がわからないとスルーされたり、混乱させていらだたせてしまう。諸刃の剣のようなところがある。

　使うときは取扱いに注意しなくてはいけない。絶妙なさじ加減が必要なのだ（失敗するときは、たいていやりすぎていることが多い）。

　もちろん、レトリックを使わなくても読まれる文章は書ける。文章作法では、美しい文章の条件として形容詞や副詞を乱用しない、言葉をゴテゴテと修飾しないことが挙げられている。Simple is beautiful. なのだ。

　下手に使うと命取り、レトリックには魔物が潜んでいる。それでもチャレンジしよう。なぜなら、次の３つの＜〜やすい＞があるからだ。

注目されやすい
　レトリックにより表現は強くなる。凡庸な言葉が「お!」「わっ!」と思わせるフレーズに変身する。流し読みが基本というネットでの読まれ方を考えると、キャッチフレーズであれ、ボディコピーなど長めのテキストであれ、瞬時に読み手の注意や関心を引くことは必須である。

記憶に残りやすい
　ふつうに言うと忘れられてしまう表現でも、レトリックを使うことで忘れられないフレーズとなる。数々の名作コピーがそれを証明している。

　隠喩（2章で紹介）のレトリックで表現された「おいしい生活。」が、暮らしが楽しくなります、豊かになります、のようなありふれた表現であったならば、ビジュアルのウッディ・アレンは記憶されても、コピーは忘却の彼方へと追いやられたであろう。

拡散されやすい
　印象的で記憶に残りやすいと正確に伝播しやすい。ソーシャルメディア環境が整った現在、クチコミとなってスピーディに拡散しやすいのだ。それだけ浸透しやすいから、知覚してもらえる。

　ただし、いつも好意的とは限らない。ピントがズレていると思われたら「〇〇〇のコピーが酷い」とか「ワロタwwwwww」などとこき下ろされて、スピーディに恥をさらす場合もある。

コピーにもよく使われるレトリックの定番。

　レトリックと言うと何か特別なテクニックに聞こえるがそうではない。ふだんあなたが読んだり、見聞きする言葉によく使われているし、あなた自身も無意識で使っていることもある。レトリックはその使い方からいくつかに分類されている。代表的なものを挙げてみる。

◎**置き換えタイプ**
　・明喩（直喩）：「〜のようだ」など、明らかに似ているものに例える
　・隠喩：イメージや本質が似ているものに置き換える
　・提喩：全体を部分を使って例える（カメラ→レンズ）
　・換喩：象徴するものに例える（官僚→霞が関）
　・擬人化：人、あるいは動物やものに例える
　・パロディ：似ている有名なものごとや人に例える

◎**組み合わせタイプ**
　・誇張：ありえないほど強調する
　・対照：比べて差を際立たせる
　・対句：似ているものを並べて強調する
　・反復：同じものや似ているものを繰り返して強調する
　・省略：省いたり短縮したりして興味を引く

　レトリックの分類や定義、名称については諸説があるので、詳しく覚える必要はない。ただし、「置き換えタイプ」は日常会話から実用文までよく使われるので、用法は覚えておくとよい。

　比喩で身近なものと言えば＜あだ名＞だ。タレントの有吉弘行を一躍有名にした「おしゃべりくそ野郎」や「元気の押し売り」などのあだ名には比喩を使ったものが多い。

　あだ名ではないが、タレントの彦摩呂の「味のIT革命やぁ〜」「野菜たちの六カ国協議やぁ〜」も比喩表現が多い。おふたりとも、名前で検索すると発言がまとめられているので興味のある方はお試しを。

　古今東西の有名な小説や詩は比喩の宝庫だ。村上春樹の作品も「村上春樹　比喩」で検索をかけるとまとめサイトが出てくるくらい、比喩がよく使われている。

<～のような>でイメージをくっきりさせる。

　比喩の中でもコピーによく用いられるのが**明喩**と**隠喩**だ。『レトリック感覚』の著者、佐藤信夫の定義では、明喩は「XはYのようだ」「YのようなX」と例える言い方で、XとYという異なるものごとの間に類似性（アナロジー）を見出して表現する。

　例を挙げると、「紙のように薄い」「糸のように細い」「風のように速い」「亀のように鈍い」といった、状態や状況のレベルを強調するときに使われる。たとえば白い色を説明する際、単純に「白い」と言うか、「雪のように白い」や「ミルクのように白い」や「ロウのように白い」と言うかで読み手のイメージは変わってくる。

　以前、「バケツをひっくり返したような雨にも濡れない」というコートのキャッチフレーズを見かけた。「～のような」を使ったわかりやすい表現だ。高い防水機能を強調して印象づけたいという意図だろう。

　「激しい雨」や「すごい雨」でもわからなくはないが、「バケツをひっくり返したような雨」と言うことで読み手のイメージは鮮やかになる。

　ただし、使い方には注意しなくてはいけない。基本的に比喩を使うのは注目してほしい言葉に限る。強調しなくてよい言葉を比喩で飾り立てると、うっとうしい読みづらい文章になる。メリハリが必要なのだ。

「それは例えると何？」と考える。

　また、明喩はすべて「～のような」を使うわけではない。エアコンでも洗濯機でもよいが、稼働音が小さなモデルがあるとしよう。静かな音を訴求ポイントとしたキャッチフレーズではどのような表現ができるか。

たとえば＜稼働音が小さい＞→＜静かな稼働音＞→＜どのくらい静かなのか？＞→＜赤ちゃんも起きないくらい静か＞→＜イメージしやすいよう置き換えると？＞→＜ささやき声くらい＞というプロセスが考えられる。そうすると、キャッチフレーズは「ささやき声ほどの稼働音、赤ちゃんもぐっすり。」といった表現ができる。

　この場合は静かさそのものを「ささやき声」に例えて、「〜ほどの」と表現した。これも明喩である。

　例では「〜ほど」を用いたが、その他にも「〜に似た」「〜そっくりの」「〜くらい」「〜めいた」「〜風の」「〜を思わせる」「〜の形の」などの表現が考えられる。

　明喩を生み出すには、**「それは例えると何？」**と脳に問い続けるしかない。白さを強調したいときに、「〜のように白い」や「〜のような白さ」というワードで検索すれば何かしら出てはくるが、いつもうまくいくわけではない。

　頭の中だけで考えるのも大変なので書き出してみよう。マインドマップのように言葉を書き出して、さらにその言葉から連想する言葉を思いつくまま書き出して、それを眺めながら、ああでもない、こうでもないと考えるのだ。ただ実際は、独創的な表現より、よりイメージしやすい、想像力を補完するレベルで大丈夫。表現を競うのではなく、コミュニケーションをスムーズにするための方法である。そこは間違えないように。

今回のまとめ

・レトリックを使うと注目されやすく記憶されやすい。
・比喩をうまく使えば、メッセージに強さが生まれる。
・明喩のストレートな例えは、言葉のイメージを増幅する。

★20

「言いたい」より「知りたい」を伝える

自慢はだいたい嫌われる。

　自慢ばかりする人は嫌がられる。これはコピーも同じだ。こういうのを「オレオレ・コピー」と勝手に名付けていたのだが、オレオレ詐欺のイメージがあるので**「ドヤ顔コピー」**と呼んでいる。

　ドヤ顔（優越感丸出しの得意げな表情）でオレが！オレが！と得意げに自慢しまくるからだ。一応、優れていることを伝えようとはしている。しかし、相手にとって得になる、価値になる部分の訴求はズレていたりする。表現も大げさな形容詞が目立つ、自画自賛のコピーだ。

　キャッチフレーズだとこんな調子……。

> **すごい吸塵力と驚異の軽さ、
> もう他のハンディクリーナーは使えない。**

　"優れたことを伝える＝自慢"ではないの？と思うかもしれない。自慢には自分を良く見せたい気持ちが強く、相手の存在や立場を思う気持ちが欠けている。コミュニケーションが成立しづらいので、共感や納得が生まれにくいのである。

　たとえ優れていることでも受け手にとって得する情報として伝えなければ、それはうっとうしい自慢にしかならない。単なる「オレってすごくね？」というメッセージは、関心のないものにとってはノイズなのだ。

宣伝する側が言いたいことは、必ずしもお客が知りたいことではないかも。コピーを書くときに注意するべきことの1つだ。先人たちも含め、たいていの広告制作者たちはこの問題に悩まされてきた。

　自慢したい気持ちはわかるが、そのままでは消費者との間にある深くて暗いギャップが埋まらないのだ。名コピーライターの仲畑貴志は著書『みんなに好かれようとして、みんなに嫌われる。(勝つ広告のぜんぶ)』の中でその原因をこう語っている。

　　開発に金を掛けた部分や、加工に高度な技術を要する部分をセールスポイントにしたくなるというクセがメーカーにはしかたなくある。残念なことに、金を掛けた部分、高度な技術を使った部分が、必ずしも消費者の欲求とは一致しないことも多いのである。

　私もメーカーの仕事は多かったのでよくわかる。「世界最薄」とか、「クラス最高のパフォーマンス」というセールスポイントは商品の素晴らしさを大きく見せてくれるし、メッセージの強いフックになる。ニュースバリューとしても魅力的だ。自慢してなぜ悪い？しかし、ドヤ顔コピーはこうした状況から生まれてくる。そして読み手を無視して誤爆するのだ。

＜誰＞が不在だから誤爆する。

　なぜ、ドヤ顔コピーは誤爆するのか？理由はとてもわかりやすい。

【理由】その1：そもそも自慢は嫌われる
　冒頭でも述べたが、人で想像するとわかりやすい。たとえば、飲み会で武勇伝や過去の成功譚をしゃべくりまくる上司。相手の気持ちなどおかまいなしに自慢する。はじめは聞く方はしかたなしに聞いてくれるが、だんだん苦痛になってくる。あるでしょう？知人ならまだ我慢もするが、宣伝でやると無視されてしまう。

【理由】その２：言うべき相手を間違っている

　自慢はただ優越感を感じたいだけである。聞いてくれるなら相手は誰でもいい。相手の得になるから、相手が喜ぶからという他者に対する思いやりが欠けている。いかに優れたことでも、マッチングしない訴求ポイントはノイズのようなもの。メルマガの内容をパーソナライズしたらレスポンスが良くなったというケースをよく耳にするが、メッセージが効くときはマッチングがうまくいったときである。

「言いたい」と「知りたい」のギャップはあらかじめ埋める。

　では、ドヤ顔コピーにならないためには何をすべきか。

【対策】その１：相手が決まらないうちはゼロベースで

　訴求ポイントの優先順位は、訴求したい相手が決まってから考える。もちろん「業界初」や「世界最軽量」といったNo.1の訴求ポイントは重要だ。確かに、マーケティングの良書『マーケティング22の法則』の「1番手の法則」は知覚を得るという点では効果的な戦術ではある。

　しかし、満足度や売れ行きNo.1のようなお客さん側の評価ならまだしも、機能面でのナンバーワン訴求は本当に受け手の心をくすぐるものなのか。よく考えよう。自慢したい気持ちをぐっとこらえながら。

【対策】その２：相手から逆算して選ぶ

　サッカー元日本代表監督のイビチャ・オシムは言う。「シュートから逆算してパスを回すべき」、そのイメージを持てと。賢人オシムの表現を借りるなら、訴求ポイントは「訴求したい相手から逆算して考えろ」ということになる。

　つまり＜何を言うか＞は、その相手が最も必要とするだろうことを選ぶ。もちろん想像に頼る部分も大きいが、言いたいことと知りたいことのギャップを埋めることができる。

【対策】その３：相手への想像を深めよう

　自慢したいことを並べてメッセージが成立するなら、コピーライティングという技術は必要ない。単なるデータや事実を価値へ転換するのはコピーの大きな仕事の１つだ。その基本は忘れてはいけない。その特徴が、どのような人のどのような問題を解決するのか、どのような快適体験をもたらすのかをよく想像しよう。

　バーンと「世界最軽量」とうたうよりも、「重さ何グラム」と言うよりも、その軽さがどの程度なのか、たとえば「ボールペン１本くらいの重さ」などとわかりやすく伝えてあげることも大切だ。そして、それがどのようなメリットをもたらすのか、価値のイメージをくっきり示してあげよう。相手の想像力を喚起することだ。それにはあなた自身がよく想像しなければいけない。

主役は相手、商品とのストーリーを想像しよう。

　想像することについて、もう少し強調したい。**世の中が便利になって一番衰えるのは、考えること、想像することだ。**コピーを考えるとき、＜誰に言うか＞を決めることで、＜何を言うか＞が決まると言ってきた。その＜誰＞に対する想像力が深ければ深いほど、メッセージは強くなる。

　冒頭のドヤ顔コピーだって、想像を深めることで変わる。たとえば、子育て中のママにフォーカスしてみよう。

すごい吸塵力と驚異の軽さ、
もう他のハンディクリーナーは使えない。

⬇

子どもを抱っこしながら、ラクラクおそうじ。
食べこぼしたお菓子もバリバリ吸い込む。

軽くて吸引力のあるハンディクリーナーは＜誰＞に当たる＜小さな子どものいるママ＞のどのような問題を解決するのか。あるいはどのようなうれしい体験をもたらすのか。または、どのようなシーンでどのような使い方をすれば、相手に大きな得をもたらすことができるのか。それらを考えるかどうかで訴求の強さ、それにともなうイメージの喚起力も高くなる。

　いかに自画自賛しても、あっさり本性が暴かれる時代である。アテンションやインタレストのための強い表現は必要ではあるが、広告のメッセージであれ、自社サイトのコンテンツであれ、商品を使う人へのプレゼンテーションであることには変わりない。

　どれだけあなたのお役に立つか、相手を主役とした商品のストーリーを伝えることに努めたほうが受け入れられるはずである。

　「STOP! THE ドヤ顔コピー！」。今日から心がけよう。

今回のまとめ
・「ドヤ顔コピー」とは相手不在で自画自賛ばかりする、嫌われコピー。
・言いたいことと、知りたいこととの間には大きなギャップがある。
・訴求ポイントや価値は相手から逆算して考えること。

コピーの上達に役立つ本【表現を磨く】

キャッチコピー力の基本
川上 徹也 著（日本実業出版社）

キャッチフレーズも含めてコピーを考えるときは悶々と悩むより、手本を参考に真似するといい。この本には実際の広告の中から選んだ使えるキャッチフレーズの事例が考え方と一緒にたくさん載っており、それらを応用すればフレーズづくりが少し楽になる。

何度も読みたい広告コピー
（パイインターナショナル）

広告のボディコピーを集めた本。題名通り何度も読みたくなる、ぐいぐい読ませるもの、琴線に触れるものなど傑作ぞろいである。それらが「顧客心理型」などの表現技法別に分けて紹介されている。どのように書き出すのか、どのような流れで話を運ぶのかといったコピーの構成に着目して読むと勉強になる。

キーメッセージのつくり方
高橋 宣行 著（ディスカヴァー・トゥエンティワン）

元博報堂の制作部長、コピーライターの著者によるメッセージの作り方。会社のスローガン、商品名、キャッチフレーズといったメッセージはどのような思考で作っていくのか、スターバックスなど印象的なメッセージを持つ企業を例に紹介。言葉の発想術が学べる。

売れるもマーケ 当たるもマーケ
マーケティング22の法則
アル・ライズ、ジャック・トラウト 著（東急エージェンシー出版部）

マーケティングの成否のカギをにぎるのは商品ではなく、顧客や見込み客の中にある"知覚"という考え方のもとに、22のアプローチを紹介。商品や業種によっては使えないものもあるが、コピーを含む商品の売り込みのアイデアや訴求の切り口のヒントになる。マーケティング分野のロングセラー。

05

「ブラッシュアップ」の精度

画竜点睛を欠くと、残念なコピーで終わる。
隠れていた小さなミスを直す。
ほんの少し手を加える。
ツメの甘さを消してしまおう。
最後の仕上げが成否の分かれ道になる。

★21

「ドライブ」をかけて想像力を刺激する

ドライブをかけてイメージを補完する。

　キャッチフレーズを効かせるなら、言葉にドライブをかけよう。ドライブとはサッカーのドライブシュートやバレーのドライブサーブの＜ドライブ＞だ。

　ドライブのかかったボールは、勢いが増し鋭い変化を起こして、シュートやサーブの破壊力を高める。同じようにドライブのかかった言葉は、表現が鮮やかになり、読み手の目を留めさせる、あるいは想像力の起動スイッチを押すといった強制力をもたらす。

　ドライブのかけ方にはいくつかある。2章、4章で述べた隠喩や明喩といったレトリックを活用した大ワザもあるが、少し変えてみるだけでドライブがかかる、スパイス的な小ワザもある。たとえば次の2つだ。

◎ドライブをかける小ワザ
　・できるだけ具体的に言う
　・説明を補足する

　ポイントは、いかに読み手の想像力や気づきを補完できるか。それぞれ詳しく見ていこう。

【ドライブをかける】その１：できるだけ具体的に言う。

　読み手の知性を侮ってはいけないが、意欲や想像力まで期待してはいけない。重要なコピーライティングの心得だ。意欲や想像力の起動は言葉で行わなくてはいけない。

　読み手はたいていうわの空だし、キャッチフレーズや見出しに目を留めても、ピンとこなければ素通りしてしまう。たとえ情報を探すために積極的に読もうとするときでも、ずらり並んだ検索結果をサッと眺めて、紹介文からイメージが湧かなければスルーしてしまう。

　私はサッカーのゲームレビューのブログをよく読むのだが、よくある「ユナイテッドVSアーセナル戦雑感」のような、内容はわかるがテーマがわからないタイトルのものは後回しにする。優先するのは「ユナイテッド、肉を切らせず骨を断つ戦術で勝利！」のように、中身がイメージしやすく期待感をもたせるタイトルだ。

具体的に言う方法：言葉で絵を描くように伝える

　特に広告コピーは、イメージをくっきりさせたほうが読まれやすい。たとえば、次の表現で比べてみよう。

◎例A　切れ味が抜群

◎例B　完熟トマトも簡単に切れる

◎例C　完熟トマトもスパッ

　例は包丁のコピーで、切れ味を訴求する表現である。比べるとおわかりだと思うが、Aが最も抽象的で、Cが最も具体的。Bはその中間といった

感じだ。一番切れ味が伝わるのはＣだろう。オノマトペ（擬声語）を使うことで価値のイメージがくっきり表現されている。もし、包丁をあまり使ったことがない人向けであるなら、文字数が許せば「切れにくい完熟トマトもスパッ！」とさらに情報を補完する必要がある。

表現のコツを絵画に例えるなら、印象派より写実主義。ソフトフォーカスではなく、ピントを合わせてくっきり映し出そう。**言葉で絵を描いてあげよう。具体的に言うことで表現は強くなる。**

「坂道でも快適走行」より「坂道でもスイスイ上がれる」、「食感、快感。」と韻を踏んだシャレたつもりのような表現より「お口の中でふわりと溶ける」のほうがイメージしやすい。感情への働きかけに勢いがつくから、読み手の気持ちにもドライブがかかってくる。

キャッチフレーズや見出しは、どうしても短くせねばと「便利」や「快適」、「上質」や「こだわり」などの常套句を使ってまとめてしまいがち。特に、形容詞や形容動詞の類は顕著だ。私も無意識のうちにやってしまって慌てることもある。

だが、先に述べたように読み手は期待通りに想像したり、イメージしてはくれない。考えるのは面倒だ、できればわかりやすく！を求めている。だから、メッセージは具体的なほうが有効なのだ。

【ドライブをかける】その２：説明を補足する。

想像力や気づきを補完するという点で、説明の補足もまた言葉にドライブをかける。読み手のすべてがカンのよい、1を聞けば8も10もわかる理解力を持っているわけではない。念を押して、イメージの起動をサポートしてあげることが必要だ。

ときにはドラマティックに

　たとえば稼働音がほとんどしないエアコンのコピーだと、「強風でも20デシベル、圧倒的な静けさ」と「圧倒的」といった強い言葉を使った表現にしがちだ。静かという訴求は理解できる。しかし、どのくらい静かなのかはイメージしにくい。

　そこで少しスパイスを足してみる。たとえば「強風でも20デシベル、赤ちゃんもぐっすり眠れる静けさ」とか「強風モードでも、図書館に置ける静けさ」といったように静けさの価値を具体的に強調してみよう。

　静けさのレベルがわかりやすくなったはずだ。このように、少しドラマティックに（ただし誇張することなく）説明を補足してあげると、読み手の想像力は活性化する。

　かつて広告のレジェンド、デイヴィッド・オグルヴィは、ロールスロイスの広告で「時速60マイル。新しいロールスロイスの車内で聞こえる一番大きな音は電気時計の音です」というキャッチフレーズをこしらえ大きな話題になった。「静かなエンジン音」という言葉を使わず、静かであることを伝える洗練された表現だ。

　しかし、アプローチのアイデアは参考になるが、せっかちで面倒くさいのはイヤなネットの読み手にとってはすぐにピンとこないかもしれない。ネットなら、どこかに「静か」というキーワードを入れてわかりやすくするほうがいいだろう。

常套句をより強力に

　その他の説明の補足方法と言えば、常套句慣れした読み手対策だ。たとえば「限定」。希少性の法則によって欲望を高める、殺し文句だ。しかし、使われすぎて無条件で信じられなくなっている人だっているだろう。

　そういうことも想定して、より強調する表現にする。たとえば「数量限定、再入荷はありません（あるいは入荷予定は未定）」、「当店オリジナル、

他では手に入りません」など限定の価値を強めて高めるやり方である。

　ただ、限定と言ってウソをつくケースもあるので、個人的には意欲を感じなくなった。以前、完全初回限定生産とあおられて、ビートルズのモノラルのリマスターBOXセットを速攻で買ったのに、しばらくして「まさかのアンコールプレス！」と言って売っていたのにはまいった（そして今も売っている）。

対象をはっきり絞り込む
　話を戻そう。クイックレスポンスが求められるネット広告やダイレクトマーケティングのコピーでは、**「あなたへのメッセージですよ」**と思わせるパーソナルタッチがよく使われるが、ちょっとした補足でドライブがかかる。

　たとえば「30代の男性」よりも「30代の働く男性」、さらに「30代の男性マーケッター」などと対象をはっきり絞り込むことで、一番届けたい人に読んでもらえる可能性を高めることができる。

　また、古典的な方法だが「あなた」という言葉をつけると、読み手は当事者意識が高くなって読まれやすくなる。

　「退職金は15年で底をつくかもしれません」よりも、「あなたの退職金は15年で底をつくかもしれません」のほうが身近に感じてしまう。

　この金融商品を一番売りたいのが50歳なら、「いま50歳、あなたが75歳の頃には退職金が底をつく？」と言ったほうがメッセージは強くなり、読み手とのマッチングもより確かになる。

ブラッシュアップではドライブの有無をチェック！

　言葉にドライブをかけることは、大げさに見せたり、極端な表現であおり立てる偽装とは違う。読み手の想像力を促し、イメージを活発にするこ

とをサポートするのが目的だ。読み手の＜ピンとこない＞を解消することである。

　書き上げたキャッチフレーズをブラッシュアップする際は、一番訴求したい部分にドライブがかかっているか、あるいはかける言葉はどこかをチェックしながら行い、しっかりと補強すること。もちろん、ボディコピーにだって使えることはわかっているよね？

今回のまとめ
・キャッチフレーズを効かせるには、言葉にドライブをかける。
・ポイントは想像力やイメージをくっきり鮮やかにすること。
・言葉で絵を描くように、具体的でわかりやすい表現を心がける。

05 仕上げ

★22

「もったいない」は命取り、捨てる勇気を

もったいない精神こそもったいない。

　インターネットが世の中を変えようが、アドテクノロジーがマーケティングを進化させようが、いっこうに変わらないものがある。**＜貧乏性コピー＞**のことだ。貧乏性、フォーエヴァー。

　貧乏性コピーとは何か？ 多くのことを一度に伝えようとして、何ひとつ印象に残せないコピーのことだ。何も伝わらないコピーであり、目的を果たせないまま消えていく費用対効果の低いコピーでもある。

　なぜ絶滅しないのか。「だってモッタイナイから」。この心理に尽きる。雑誌広告を担当した頃、貧乏性広告づくりに加担してしまったことがあった。はじめに訴求ポイントを絞った案をこしらえたはずなのだが、世に出たときは、訴求ポイントが盛りだくさん詰め込まれたものに変わり果てていたのだ。

　原因はわかっている。「みんなの意見を聞いてみます」とか「各部署に確認してもらいます」など、ややこしい意思決定プロセスのおかげで、"アレもコレも言いたい"というほぼ全員の意見を反映した、幕の内弁当みたいな広告になってしまったのだ。コンセンサスは本当に恐ろしい。

　せっかく高い媒体費を払うのだから、1つだけ言うのはもったいない、なるべくたくさん言ったほうがお得と担当者は冗談を言うが、意外に本心かもしれないと思ったものだ。しかし、貧乏性広告はメッセージの貫通力や浸透力が弱く、**お得どころか大損する可能性が高い。**

たとえば、あなたがお店で商品についての説明を求めたところ、店員は一気にアレもコレもとありったけの特徴を話し出した。あなたの頭は混乱し、最初の1つか2つくらいしか覚えられない。いや、結局どこが優れているのかわからないこともありうる。それと同じことが起こるのだ。

　無視されがちな広告の類ならなおさら。ネットでは「うざい」と一蹴されることを覚悟したほうがいい。

　そういう状況では、アレもコレも言わないともったいない貧乏性のコピーは無視されると思ったほうがいい。「もったいない」はエコロジーを象徴するキーワードとして世界で注目されたが、コピーでは命取りになる。

　コトバのコミュニケーションでは、基本的に一度に弾が飛散するショットガン型より、一発で仕留めるスナイパーライフル型のほうが命中しやすいのだ。弾は一発一発大切に使おう。

良い情報でもすべては記憶してもらえない。

　貧乏性コピーはキャッチフレーズにも、ボディコピーにも存在する。まずは、キャッチフレーズから見ていこう。貧乏性コピーになりがちな、高機能で多機能な商品の代表、スマートフォンのキャッチフレーズを3つ作ってみた。それぞれの違いはおわかりだろうか。

◎例A　5インチフルHD液晶、2.2GHz CPU搭載で4G/LTE対応。

◎例B　美しい5インチ大画面で、ネットも動画もサクサク。

◎例C　動画を楽しむなら、美しく大きな5インチ画面で。

Aは貧乏性コピーだ。「新築・3LDK・駅徒歩10分・即入居」のような三行広告。高機能だし多機能だから、なるべくたくさん言いたくて、4つも要素を盛り込んでいる。デジタルガジェットに詳しい人には良いかもしれないが、そうでない人にとっては、機能やスペックを複数並べても何が良いのかさっぱりわからない。覚えてもすぐ忘れてしまう。

　BはAで言いたいことを読み手にとっての価値に変換したものだ。特にネットでのキャッチフレーズは、価値をわかりやすく短く伝えることが大切だ。キャッチフレーズで述べた価値の詳しい情報は、ボディコピーで紹介すればいい。

　それと、価値やベネフィットなら並べても大丈夫とばかりに、「持ちやすく、見やすく、ネットもサクサク、写真も鮮やか」のようなキャッチフレーズもたまに見かけるが、表現は良いとして4つのことを一度に言われるわずらわしさは同じ。覚えられる？ やめましょう。

　Cは訴求ポイントを1つに絞ったスナイパー型アプローチ。5インチ画面は、動画が楽しめる理想のサイズという訴求に徹した。動画を楽しみたい人におススメのスマートフォンという印象を与えるのがねらいだ。1つしか言わないのは不安かもしれないが、優れた製品だという印象を強く与えることができる。

読むと困惑する貧乏性ボディコピー。

　貧乏性コピーは、キャッチフレーズよりボディコピーに多い。文字数が多いので、たくさんのことを言えると思って、つい全部を盛り込もうとする。私も昔、そんなコピーを書いてダメ出しされていた。

　良い情報だからなるべく多く伝えたいという、いつも大盛りにしてくれる学食の顔なじみのおばちゃんのような気持ちになってしまう。誠実な人ほどやってしまいがちだ。

次はキャッチフレーズとボディコピーの組み合わせの例。どこが違うだろうか。

動画を楽しむなら、美しく大きな5インチ画面で。

5インチフルHD液晶による高精細画質、新型チップと高速通信対応でネットも驚くほど速い。さらにHDビデオ撮影もできるカメラ、通話は最大8時間、高音質イヤホンも付属。重さ112gの超軽量ボディ。

動画を楽しむなら、美しく大きな5インチ画面で。

5インチ液晶にフルHDだから画質は細部まで鮮やか。
新型チップと4G/LTE対応の高速通信により、TVや映画、動画が大画面でサクサク楽しめる。もちろんネットもダウンロードも驚くほど速い。

上は貧乏性ボディコピー。キャッチフレーズについて詳しく説明するのではなく、他の訴求ポイントまで詰め込んでいる。今回の例は100字くらいなのでわずらわしさはあまり感じないかもしれないが、これが200字くらいになると「うざい」と思うだろう。

下は、キャッチフレーズで言ったことを証明して納得させるアプローチ。訴求ポイントを掘り下げていくイメージだ。読み手ははじめにキャッチフレーズに反応するのだから、それについてボディで補足してあげないと読み手は困惑する。知りたいことに応えてくれていないと思ってしまうのだ。

検索連動型広告に興味を持ってクリックしたら、関係ないランディングページが出てきてガッカリすることがある。それと同じことだ。

言いたいことを入れすぎると、読み手の興味を散漫にしてしまい、かえって印象を残すことができず、コピーの目的である納得や説得が機能しなくなる。メッセージには一貫性を持たせないと信用されない。

人が一度に記憶できるのは数字で7つくらいと言われるが、広告の類なんて1つ、2つくらいと思っていたほうがいい。

　せっかく苦心して作るコピーだ。情報が詰め込めないことより、無視されるほうがずっともったいない。貧乏性コピーを今日から絶滅させよう。

　今回のまとめ

・言いたいことを一度に盛り込むのが貧乏性コピー。
・貧乏性コピーは内容はてんこ盛りだが印象に残りにくい。
・特にボディコピーは貧乏性になりやすいので注意。

★23

クオリティを上げる8つの検品ポイント

うまく書いたつもりでもミスをしている。

　今、あなたの目の前には苦心惨憺の末に書き上げたコピーがある。次にあなたがすることは何か？ おそらくクライアント、もしくは上司、あるいはデザイナーに送信することだろう。

　だが待ってほしい。まだ重要なことが残っている。それは**コピーの検品**だ。品質チェックをせずに世に出してはいけない。

　コピーに限らず、文章の作成は推敲をもって終わる。確かに、文章は永遠に完成しないもの。どんなに推敲を重ねても必ず気になる箇所が出てくる。それでも時間が許す限り、推敲をしてほしい。

　村上春樹は『スプートニクの恋人』を1年以上かけて何十回も書き直したという。ヘミングウェイは書き上げた原稿を、いったん銀行の貸金庫に預けて、しばらくして書き直し、また金庫に預けてというプロセスを繰り返した。

　推敲をすれば、文章はブラッシュアップされ格段に良くなる。また、ミスを発見して修正することができる。完成度がぐんと高まるのだ。コピーも同じ、推敲時に必殺のアイデアが舞い降りることもある。**それにうまく書いたつもりでも、何かヘマをやらかしているはずだ。**

　コピーを書く以上は、目的にかなったミスのないコピーをめざさなくてはいけない。コピーの仕上がり具合は、あなたの会社やクライアントの信

頼度につながっていくからだ。では、どんなチェックをすればいいのか見てみよう。

【検品ポイント】その1：まずはクールダウン

「文章はひと晩寝かせよ」と言われている。だが、寝かしたところで煮込み料理のように勝手に美味くなるわけではない。寝かさなくてはいけないのは書いた本人、あなたのアタマの粗熱だ。

文章を書いているときは、脳がフル回転していることもあって、たいがい気分が高揚している。自分のコピーに酔いしれていることもあるだろう。そんな興奮状態でミスを見つけるのは難しいし、自画自賛状態で書き直しをするのは無理だ。

まずはアタマをクールダウンさせよう。できれば半日から1日くらいの時間が必要だ。ネットの読み手は特に冷淡だ。読み手の立場になって、平常心で読み直さなくてはいけない。**書くときはホットに、推敲はクールに行いたい。**

【検品ポイント】その2:プリントアウトする

　知り合いの社長さんによると、社内連絡を印刷して配ったところ、ほとんどの社員が読んだ。これをメールで一斉送信したら、読んだ社員は7割ほどに減ったという。英国の郵便会社が印刷された広告とネット広告のどちらが知覚されやすいか実験を行ったところ、印刷広告のほうが知覚されたという。紙メディアは意識を集中して読まれるということらしい。

　PCのディスプレイがいかに鮮明であっても、紙と比べると読む時間がかかるというデータもある。じっくり見ようとすると目が疲れるからミスに気づかないこともある。ディスプレイは＜サッと見る＞＜ながら見＞のほうが適しているとも言われている。面倒だが、推敲するときはプリントアウトして紙の上で行うことをお勧めする。集中しやすく、効率的だ。

【検品ポイント】その3:声に出して読む

　書いたコピーを声に出して読んでみると、目で読むだけでは気づかないことが見つかる。たとえば脱字、音読しないと見落とすことがある。それからリズム、スラスラ読めるよう書いたつもりが音読してみると、案外もたついていることに気づく。

　その他、まどろっこしくてイライラする。「の」が多い、「も」が続いてくどい。終わりが「です」ばかりで単調、といった文章の粗（あら）が見つかりやすいのだ。人は黙読するときでも、脳内で音声に変換して読むことが多いので、音読してチェックしたほうがうまくいくというわけだ。

　ネット上ではサクッと読みやすい文章が好まれる。特に、長めのボディコピーのチェックには音読が欠かせない。また、キャッチフレーズも見た目と同じくらいに、リズムや語感が知覚のカギになる。覚えやすければそれだけ有利だ。周りに迷惑をかけないよう、声を出してチェックしよう。

ネットの読み手は手ごわいことを思い出して。

　次は表現や構成についてのチェックだ。これまで本書で述べたことを、おさらいするつもりで確認していこう。

【検品ポイント】その４：キャッチにパンチはあるか
　あなたが書いたキャッチフレーズは＜誰に＞向けてか、＜何を＞言うべきかがハッキリしているだろうか。そして＜誰に＞と＜何を＞がピッタリとマッチしているか。商品を必要としている人に対して、良いニュースになっているか、トクする話になっているか、読むべき理由がつづられているか……それらをもう一度見直そう。

　さらにパンチのある表現になっているかも大切だ。キャッチフレーズはその名の通り、キャッチ（＝つかむ）することが目的である。素通りさせてはいけない。やり手の客引きのような強引さが必要だ。

　たとえば、「デートにおススメ、夜景が楽しめるレストラン」でも悪くはない。だが、ワクワクさせる何かが欲しい。思い切って「恋が生まれるレストラン」くらい書いてみよう。女性誌の見出しのように、大胆で確かめずにはいられない表現を試すべきだ。

　もちろん、なぜ恋が生まれるのか、そのストーリーをリードコピーやボディコピーで示すことが必要になる。書き直す手間がかかるが、強力なコピーに生まれ変わるはずだ。

【検品ポイント】その５：訴求ポイントは絞られているか
　書いている途中で、急に不安になって訴求ポイントをいくつも詰め込んではいないだろうか。読み手の記憶力に過大な期待をしてはいけない。訴求点は少ないほど記憶されやすい。訴求内容はワンテーマで。キャッチフレーズで示した訴求内容は、リードコピー、ボディコピーでより詳しく深めていかなくてはいけない。

【検品ポイント】その６：最初にインパクトはあるか

　ネットの読まれ方を思い出そう。流し読み、拾い読み、最初のコトバ、最初の数行に注意を払う。全体の３割くらいしか読まない…。気まぐれで短気な読み手をうまくリードできるか。キャッチフレーズもボディコピーも、冒頭に気になるキーワードを仕込んでいるか見直そう。

　また構成はどうか。最初に価値を示して、それを実現する機能の紹介、その詳しい説明や証明を示していく＜逆ピラミッド型＞の流れになっているか。スジが通った話になっているか、横道にそれていないかを確認しよう。共感や説得が求められるボディコピーには感情を動かすだけでなく、納得させる論理も必要だ。

大きなダメージをもたらす小さなミスを探せ。

　内容や表現と同じくらい重要なのが表記だ。誤字、脱字といったミスをそのままにしておくと、損害を被ったり、信用を失うこともあるので注意が必要だ。

【検品ポイント】その７：文章を整える

　リーダビリティに気を配ろう。長すぎるセンテンスは短くできないか再考する。漢字が続く場合は、ひらがなやカタカナに変えてみる。重要なコトバは『　』などで強調する。不要なコトバ、たとえば接続詞、修飾語の多用で冗長になっていないか、コトバはなるべく節約して簡潔なセンテンスを心がけよう。

【検品ポイント】その８：表記の確認

　表記のミスは恐ろしい。一文字の間違いで大きなダメージを生んでしまうからだ。たとえば価格、数字が違うととんでもないことになる。商品名、企業名、ブランド名も然り。それぞれ表記のレギュレーションが定められている場合が多い。

05 仕上げ

カタカナか、英語か、略称か、ルールを確認して書くこと。表記ミスを重く見る人は多い。怒られるだけでなく、担当を外されることもあるので気をつけたい。

また、同じような商品でも名称が異なることが多い。たとえば「宅急便」と「宅配便」、「牛丼」と「牛めし」といったようにライバル企業同士で登録商標などそれぞれ独自の表現を使っているケースもあるので間違えないこと。

それから差別や偏見を表すような言葉は使わない。隠語や俗称もダメ。「スチュワーデス」は「客室乗務員」に。「スッチー」はもってのほか。表記のガイドラインについては、新聞社や出版社で使われている『記者ハンドブック』という本を参考にするといい。

コピーは必ずしも正しい文法や正しい言葉づかいで書く必要はない。しかし、読み手に対する礼節や法律（例：薬事法）は、しっかりと守ってほしい。

その時点でのベスト品質まで高める。

さて、以上のような厳しい品質チェックを通って、あなたのコピーは完成する。書き直しに苦労するかもしれないが、その分コピーの品質は初稿と比べて見違えるようにグレードアップするはず。時間など制限があったかもしれないが、その時点でベストの状態だ。胸を張って世に出せるのだ（その後、いろいろな理由でズタズタにされることもあるので覚悟は必要だが）。

今度こそ、自信を持って送信ボタンを押そう。さぁどうぞ。良い結果になりますように。そう祈りを込めて。

今回のまとめ
- コピーも推敲をもって終わる。頭を冷静にしてブラッシュアップすると質がアップする。
- 誤字や脱字などのミスは、プリントアウトして音読すると発見しやすい。
- 表記は会社の規定に従っているか、差別表現をしていないかよくチェックしよう。

コピーの上達に役立つ本【完成度を高める】

費用対効果が見える広告
後藤 一喜 著（翔泳社）
通販広告に代表されるレスポンス広告の制作ノウハウを詳しく紹介。成果を出すコピーやデザインを作るポイントを惜しみなく披露している。事例のサンプルが一緒なのでわかりやすい。ネット広告については多くを割いてはいないが、ノウハウはECサイトでも応用できるものばかりだ。

一瞬で心をつかむ77の文章テクニック
高橋 フミアキ 著（高橋書店）
正しい文章術ではなく、思わず読んでしまう文章に必要なテクニックを紹介。タイトルや見出しから、書き出し、長い文章を書くコツまで例文や思考プロセスを使って解説している。特にタイトルと見出しについては、2章を割いて35のテクニックを紹介している。実践しやすいので、文章が苦手な人にも役に立つはずだ。

「売り言葉」と「買い言葉」
岡本 欣也 著（NHK出版新書／NHK出版）
話題になった広告を数多く手がけた現役コピーライターの著者が、広告コピーを「売り言葉」と「買い言葉」という今までなかった視点で解説。時代によって変わるコピーの言葉、今は「売り言葉」の時代とか。そんな新しい時代の「売り言葉」づくりのヒントも紹介されている。

誰かに教えたくなる世界一流企業のキャッチフレーズ
ライオネル・セイラム 著（クロスメディア・パブリッシング）
企業やブランド、キャンペーンのスローガンを集めたもの。その数は約2000、その上、61のスローガン誕生と背景の事例解説もあり、ちょっとした辞典である。強い印象を残し、価値を端的に表現するメッセージはどのようなものか、それを知るとコピーづくりのヒントにもなる。

06

おわりに

長い間、慣れ親しんだ印刷メディアとは
異なる読まれ方、書き方が求められるネットメディア。
それでも、書くことの本質は変わらない。
そこは実用文であるコピーも同じだ。

★24

「伝わる」より大切なのは「読まれる」

じっくり読むユーザーには要注意。

　ネットでは、「文章（もちろんコピーも入ります）は、きちんと読まれない」が常識である。ところが、じっくり読んでくれる人もいる。それはうれしいですなと喜んでしまいそうだが、そういう読み方は、情報発信をする側にとって大きなリスクになるかもしれない。

　実は文章をじっくり読む人の中には、文章を読むのが苦手という人がいる。漢字が読めない、言葉の意味がわからないのではなく、**文章を読んで理解するのに時間がかかる人**である。

　ネットリテラシーが高い、あるいは平均以上の人にはピンとこないかもしれないが、そういう人は確実にいる。ふだんあまりネットを使わない中高年、高齢者も入れてよいだろう。

　もしネットでも最適なライティングがなされていなければ、彼らは重要な情報にアクセスできない恐れがある。これは情報発信側からすると、伝えたいことが伝わらないというリスクである。つまり、双方とも損を被ることになるのだ。

　そこでリスクの回避策が必要になるが、本書で再三登場のWebユーザビリティの専門家、ヤコブ・ニールセン博士が識字能力の低いユーザーに対するライティングについてアドバイスをしているので参考にしよう。識字能力が高いとされている日本人にはそぐわない印象もあるが、読むのが苦手な人は確実にいるはずである。

じっくり読む人は、以下のような読み方をする傾向がある。

・流し読みでは内容が理解できない
・そのため一語一語、一行一行ゆっくり読み進める
・それゆえ、視野が狭くなり、読んでいる文字列以外は目に入らない

　こうした人は、具体的にどのようなリスクを被ることになるか。日々ディスプレイのクオリティは向上しているが、基本的にPCやタブレットでの閲覧は印刷物と比べると時間がかかることはニールセン博士の調査で明らかになっている。

　それでもじっくり読もうとすると読み疲れが出てくる。閲覧が面倒になり、離脱してしまう。その結果、すべてを読むことができないため、情報の取捨選択もできず、一番知りたい情報にアクセスできないことがある。

　また、じっくり読むことで視野が狭くなると、知りたいキーワードを察知することができにくい状態になる。さらに理解に時間がかかる人は、簡潔ではない文章を読むと、文脈をつかむことができずに内容が把握できない恐れもある。

　こうしたリテラシーのユーザーにスラスラ読んでもらうには、デザインやレイアウトだけでなく、ライティングの工夫も必要である。ポイントは、これまで繰り返して言ってきた「ネットでは読まれないを想定した書き方」と同じで、さらなる徹底が必要だ。

解決のポイントは小学生、中学生レベル。

ニールセン博士は、重要なページ、ランディングページには小学6年生レベルを、その他では中学2年生レベルの平易で簡潔な文章を書くべきだと述べている。さらに、情報には優先順位をつけるべきだとも言っている。つまり、小学生、中学生でもわかる文章で、大事なことは冒頭など最初に言っておく（あるいは見せておく）ということになる。

こうした工夫が必要になるのは、不特定多数のユーザーが閲覧する、政府や役所関係、公共サービス、医療情報、大衆市場向け商品の紹介サイト、高齢者（現時点で）を対象としたサイトである。

昨年、リテラシーが低い中高年をメインユーザーとしたサイト制作に関わった。ニールセン博士のアドバイスの他に、長いボディコピーの代わりに箇条書きを多用したり、「らくらくホン」にならって、コピーやボタンのフォントサイズを大きくして見やすくするなど工夫をしたものである（たぶん、フォントサイズの変更ボタンや画面拡大ボタンに気づかないだろうから）。

将来、ネットリテラシーの低い人は減少するかもしれないが、文章を読むのが苦手な人が減るとは思えない。ネットの読み方に慣れた人が増えると、丁寧に読むことを面倒に思う人が増えるのではないかとさえ思う。そう考えると文章を書く上で何が大切なのかを今一度、認識する必要がある。

文章に必要なのは相手への敬意。

文章で一番大切なのは何かと聞く。たいてい「言いたいことが伝わる」「言いたいことを理解してもらえる」と答える。これはこれで正しいと思う。しかし、もっと大切なことがある。そして、それは忘れられがちだ。

文章で一番大切なのは「読まれること」だ。そんなの当たり前！と思うかもしれない。そうは言っても、読まれることを拒否しているような文章

をよく見かけるのも事実。言葉の専門家たちは、以前から読まれることの大切さを説いてきた。

しかし、学校で習う国語では文章の書き方なんて教えてもらった記憶がなく、社会人になって、それもずいぶん後になって知ったものである。恥ずかしい。

『思考の整理学』など数々の名著で知られる言語学者、外山滋比古は『文章を書くこころ』で「他人に読んでもらうのが文章」、文章を書くということは、すべてそれを前提にして考えるべきと述べている。**文章は相手あってのものということだ。**

さらに、「いまの文章（たぶん巷にあふれる文章）は多く、読者に対するそういうサービスの精神に欠けているように思われる。自分の書きたいことを一方的にのべる」とも言っている。「サービスの精神」というのは、読んでもらえる工夫や得する内容のことである。

『街場シリーズ』などの著書で知られる、思想家の内田樹は『街場の文体論』で、そのことを掘り下げている。そして、「書く」の本質は、「読み手に対する敬意」であり、敬意は「読み手との間に遠い距離がある」という感覚から生まれると述べている。

ここでいう距離とは物理的なことではなく、「身内の語法（友人などと交わす、自分のふだん使い慣れた言葉）」では通じない、コミュニケーション上の隔たりということだ。つまり、身内の語法では通じないことを前提に考えるべきと言っている。

読み手への敬意があってこそ、読まれる文章が生まれる。まず読み手に気分よく、スラスラ読んでもらいたいという思いの深さがあり、そのために読まれるよう工夫を凝らす。読み手に対する敬意のある文章は、そのようにしてしか生まれないというのが彼の主張だ。

カッコよくても、自分に酔ったら届かない。

　一方で、敬意を欠いた文章とはどのようなものか。内田氏はその1つに、自分に向かって書いた文章を挙げる。カッコいい文体や言葉を駆使して、「自分が言ったことを、自分で読んで、喜んでいる」文章のことだ。これは自分に酔った文章、内容よりも自分がいかに頭が良いかを訴える文章だ。

　このような文章には、読み手という相手が不在なのだ。だからリーダビリティもない。案外と文章に自信がある人によく見られるし、コピーライターになりたての人もやってしまいがちで、「へたくそなポエム」と上司に叱られたというのはよく聞く話（それは私だ）。

　似たようなタイプでは、本来届けたい相手ではなく、上司やクライアントの担当者向けに書かれた文章がある。その昔、「上司が最新のビジネス用語をたくさん使ったカッコいいコピーが好きなのでそういう感じでお願いします」と言われたことがあるが、これも相手がいない、読み手への敬意を欠いた文章だと言える。

　外山氏も内田氏も、コピーなどビジネスの実用文のことまで踏まえて言っているわけではないと思うが、コピーライティングのかまえとしても肝に銘じるべき話だと思っている。

　実際にコピーライターの先達の中には、コピーは書くものでなく、読んでもらうもの。説得や共感など目的を果たしてこそコピーであると断言している人もいる。もっともなことだ。「言いたいことが伝わる」も「言いたいことが理解してもらえる」も、読まれないことにはクリアできない。

　頭ではわかっていても、書いている間に忘れてしまうものだ。文章は読まれてナンボなのである。心して書こう。

「今回のまとめ」

・ネットの文章をじっくり読む人は、知りたい情報にアクセスできないリスクが高い。
・文章を読むのが苦手な人には、小学生〜中学生でもわかるライティングが必要。
・文章で一番大切なのは「読まれること」。読まれるためには、読み手への敬意が必要。

コピーの上達に役立つ本【古典に学ぶ】

「売る」広告[新訳]
デイヴィッド・オグルヴィ 著（海と月社）
広告のバイブルと言われている名著。ネット以前の内容であるが、販売力のある広告コピーの作り方などネット広告やコンテンツ作成にも応用できるノウハウも紹介。価格は高めだが、昔の広告など図版が多く載っており、広告が好きな人は眺めるだけでも楽しいし、アイデアのヒントにもなり重宝する。

アイデアのつくり方
ジェームズ・W・ヤング 著（阪急コミュニケーションズ）
アイデアづくりの原理について書かれた、あまりに有名な古典。クリエイターはたいていの人が読んでいるようだが、それ以外の人も必読だ。アイデアを生み出す原理や思考のプロセスをわかりやすく紹介。知っていると知らないとでは、アウトプットの質がまったく違ってくる。

レトリック感覚
佐藤 信夫 著（講談社学術文庫／講談社）
レトリックとは「直喩」「隠喩」など文章表現の技術。キャッチフレーズづくりやネーミングなどに欠かせない。この本は代表的なレトリックを詳しく解説したロングセラー。学術書らしい書き方なのでスラスラ読めるわけではないが、小説を題材に代表的なレトリックを事例と解説で網羅している。

老人と海
ヘミングウェイ 著　福田 恆存 訳（新潮文庫／新潮社）
簡潔な文体と言えばヘミングウェイ。無駄な言葉をそぎ落としたキレの良い文章は素っ気なく感じるかもしれないが、描写には深みがある。簡単に書ける文章ではないが、簡潔な文章の理想として触れておくにはうってつけ。もちろん名作なので大人の教養という意味でもおススメだ。

●著者紹介

有田 憲史（ありた けんじ）
コピーライター。
主な仕事はWebサイトやコンテンツの企画やコピーライティングを中心に広告、販促ツールの制作。時々コピーについてのセミナーの講師（MarkeZineアカデミー、スクー他）も。これまで担当した業界は電機メーカー、IT、不動産、自動車メーカー、健康食品、流通、食品など。
著書『「売る」コピー39の型』、『「売る」文章51の技』（ともに翔泳社）。
福岡県生まれ。
email：jimketaria@gmai.com

●本書で紹介した文献

『ある広告人の告白［新版］』デイヴィッド・オグルヴィ 著（海と月社）
『市場の壁を打ち破るプロ広告作法』ユージン・M・シュワルツ 著（誠文堂新光社）
『文章軌範釈：普通用文』大月 隆 編（文学同志会）
国立国会図書館近代デジタルライブラリー（http://kindai.ndl.go.jp/info:ndljp/pid/896319/6）
『ベストセラー小説の書き方』ディーン・R. クーンツ 著（朝日文庫／朝日新聞社）
『走れメロス』『人間失格』『きりぎりす』『恥』 太宰 治 著
青空文庫（http://www.aozora.gr.jp/）
『世界史』ウィリアム・H・マクニール 著（中公文庫／中央公論新社）
『文章を書くこころ』外山 滋比古 著（PHP文庫／PHP研究所）
『街場の文体論』内田 樹 著（ミシマ社）

●本書について

本書は、マーケティングの情報サイト「MarkeZine」(http://markezine.jp/)の以下の2つの連載をまとめ、加筆・再構成して書籍にまとめたものです。

・ノンクリエイターのためのWebコピーライティング講座(2011年10月〜2012年10月)
・[強化編] ノンクリエイターのためのWebコピーライティング講座(2013年4月〜2014年3月)

連載企画・編集：倭田須美恵（ECzine編集長／MarkeZine編集部）
書籍編集：井浦薫（MarkeZine編集部）

装丁：星野哲也（東京ピストル）
イラスト：NEGO6 (NEGO6)

ネットで「効く」コピー

2014年8月7日　初版第1刷発行

著者	有田憲史
発行人	佐々木幹夫
発行所	株式会社翔泳社（http://www.shoeisha.co.jp/）
印刷・製本	株式会社シナノ

©2014　Kenji Arita

本書は著作権法上の保護を受けています。
本書の一部または全部について、株式会社翔泳社から文書による許諾を得ずに、いかなる方法においても無断で複写、複製することは禁じられています。
落丁・乱丁はお取り替えいたします。
03-5362-3705までご連絡ください。

ISBN 978-4-7981-3828-2　　Printed in Japan